本书获得南京体育学院优秀学术著作出版基金资助。同时，也是2024年江苏高校"青蓝工程"优秀中青年学术带头人项目培养对象的部分成果。

高中专项化体育课程改革研究

王 建◎著

人民体育出版社

图书在版编目（CIP）数据

高中专项化体育课程改革研究 / 王建著. -- 北京：人民体育出版社，2024

ISBN 978-7-5009-6464-3

Ⅰ.①高… Ⅱ.①王… Ⅲ.①体育课－课程改革－教学研究－高中 Ⅳ.①G633.962

中国国家版本馆 CIP 数据核字（2024）第 093871 号

*

人 民 体 育 出 版 社 出 版 发 行
北京中献拓方科技发展有限公司印刷
新 华 书 店 经 销

*

710×1000　16 开本　11 印张　200 千字
2024 年 12 月第 1 版　2024 年 12 月第 1 次印刷

*

ISBN 978-7-5009-6464-3
定价：56.00 元

社址：北京市东城区体育馆路 8 号（天坛公园东门）
电话：67151482（发行部）　　邮编：100061
传真：67151483　　　　　　　邮购：67118491
网址：www.psphpress.com

（购买本社图书，如遇有缺损页可与邮购部联系）

序

　　强化学校体育是实施素质教育、促进学生全面发展的重要途径，对于促进教育现代化，建设健康中国和人力资源强国，实现中华民族伟大复兴的中国梦具有重要意义。为进一步推动学校体育改革发展，2013年春季学期，上海市实施高中专项化体育课程改革，此项改革发挥了大中小学体育课程教学衔接的桥梁作用，上推上海市高校公共体育个性化课程改革，下引小学兴趣化、初中多样化的体育课程改革。之后，山东、内蒙古等地学校也纷纷响应中共中央办公厅、国务院办公厅印发的《关于全面加强和改进新时代学校体育工作的意见》等文件的要求，注重"教会、勤练、常赛"教学模式的运用，加强学生专项运动技能的学习，纷纷进行了专项化体育课程改革的试点工作。非常幸运的是，笔者在进修博士学位期间见证了此段改革的历史，并同上海市高中专项化体育课程改革督导组的专家们，一起完成了上海市光明中学、延安中学等100余所试点学校的调研和测试工作，此段经历为本书的撰写做了铺垫。

　　本研究的主要内容：第一，专项化体育课程教学的历史梳理。20世纪60年代，"单项运动"体育课在一些大学里已经有所开展；20世纪90年代，在《中国学校体育》杂志中，围绕专项化体育课程的"必要性"和"可行性"产生过广泛讨论和争鸣。回顾不同年代专项化体育课程与教学的历史背景，梳理不同时期专项化体育课程教学发展变化特点，有助于课程改革经验的总结。第二，高中专项化体育课程改革的效果评估。本研究确定了高中专项化体育课程改革的效果评估指标体系，并对课程改革的效果进行针对性的测评，最后根据《上海市高中体育专项化课程改革指导意见（试行）》的预期目标，以及《"健康中国2030"规划纲要》中提出的目标任务，对上海市高中专项化体育课程改革的效果达成情况进行综合性分析。第三，高中专项化体育课程改革存在的主要问题及问题产生的原因分析。结合高中专项化体育课程改革的进程，依据课程改革的效果测评，分析高中专项化体育课程改革中存在的主要问题，并探究其中的缘由。第四，高中专项化体育课程改革实施的优化建议。评估检测的最终目的不在于证明，而在于改进。

本研究通过对课程改革效果的测评，准确发现高中专项化体育课程改革中存在的问题，对课程改革的进一步优化提出改进建议。

本研究的主要创新：第一，研究内容的创新。高中专项化体育课程改革已经实施10年有余，在此期间产生了大量研究成果，但多停留于理论层面或者课程改革实践层面的局部探讨。高中专项化体育课程改革的理论基础、效果评估、推进建议等方面的整体性研究，是在前人基础上的开拓前进。第二，多元方法的综合运用。本研究在调研较大改革学校样本的基础上，采用了测量法、质性观察法、数理统计法、内容分析法等研究方法，通过测试获取了大量数据，全面地评估了上海市高中专项化体育课程改革的效果，揭示了课程改革过程中存在的主要问题，并进行相应的原因分析，提出了高中专项化体育课程改革的推进建议，可为相关部门决策提供参考，在一定程度上有助于高中专项化体育课程改革的深化。需要说明的是，笔者在撰写本书的过程中遵循《普通高中体育与健康课程标准（2017年版）》中的育人精神和理念，相关文献资料和数据于2019年左右收集。《普通高中体育与健康课程标准（2017年版2020年修订）》于2020年颁布，虽然注重传统体育项目、健康知识等课程内容拓展，强调游戏化教学、互动式教学等教学方法创新，但是与《普通高中体育与健康课程标准（2017年版）》相比，其主体性内容未发生任何变化，目前上海市等地区的高中专项化体育课程改革仍在如火如荼地进行中，因此本研究仍然具有参考价值。

本书是在笔者博士学位论文《上海市高中专项化体育课程改革的效果评估研究》的基础上进一步丰富和完善而成的。在本书出版之际，首先要感谢博士生导师唐炎教授，他学识渊博，其正直与坦荡、严谨与求实、勤奋与智慧的品格在无形中深深影响了我们，使我们对学术更加敬畏。同时，也要感谢上海体育大学及上海市高中专项化体育课程改革督导组的老师们的支持，感谢人民体育出版社工作人员为本书出版付出的辛勤劳动。

王　建

2023年10月

目　录

1　绪论……………………………………………………………………………1
1.1　研究背景……………………………………………………………………1
1.1.1　时代诉求：学校体育走向高质量发展需要进行体育课程改革…………1
1.1.2　实践困惑：专项化体育课程改革的实施效果亟须进行科学测评………2
1.1.3　理论关注：如何科学推进专项化体育课程改革一直受到关注…………5
1.2　研究目的……………………………………………………………………5
1.2.1　进行概念界定，确定高中专项化体育课程改革的效果评估指标………5
1.2.2　开展实证调查，测评上海市高中专项化体育课程改革的实施效果……6
1.2.3　结合测评结果，发现改革中存在的问题并进行相应的原因分析………6
1.2.4　针对存在的问题，进一步提出针对高中专项化体育课程改革的优化建议……6
1.3　研究意义……………………………………………………………………6
1.3.1　有利于高中专项化体育课程改革中存在问题的准确发现………………6
1.3.2　有利于为高中专项化体育课程改革的深化提供有益的数据支撑………7
1.3.3　有利于为高中专项化体育课程改革的更加科学化提供方案支撑………7
1.3.4　有利于高中专项化体育课程改革育人效益的提高………………………7
1.4　研究思路……………………………………………………………………8
1.5　研究方法……………………………………………………………………9
1.5.1　文献资料法……………………………………………………………………9
1.5.2　测量法…………………………………………………………………………9
1.5.3　问卷调查法…………………………………………………………………14
1.5.4　德尔菲法……………………………………………………………………17
1.5.5　观察法………………………………………………………………………17
1.5.6　内容分析法…………………………………………………………………17
1.5.7　数理统计法…………………………………………………………………20

2　文献综述…………………………………………………………………………21
2.1　国内专项化体育课程与教学的研究……………………………………21

- 2.1.1 国内专项化体育课程与教学的研究现状⋯⋯⋯⋯⋯⋯⋯⋯⋯⋯ 22
- 2.1.2 国内专项化体育课程与教学研究的特征及问题⋯⋯⋯⋯⋯⋯ 33
- 2.1.3 国内专项化体育课程与教学研究的总结述评⋯⋯⋯⋯⋯⋯⋯ 35
- 2.2 国外专项化体育课程与教学的相关研究⋯⋯⋯⋯⋯⋯⋯⋯⋯⋯⋯ 37
- 2.3 体育课程改革的效果评估研究综述⋯⋯⋯⋯⋯⋯⋯⋯⋯⋯⋯⋯⋯ 39

3 理论基础与核心概念界定⋯⋯⋯⋯⋯⋯⋯⋯⋯⋯⋯⋯⋯⋯⋯⋯⋯⋯⋯ 42

- 3.1 理论基础⋯⋯⋯⋯⋯⋯⋯⋯⋯⋯⋯⋯⋯⋯⋯⋯⋯⋯⋯⋯⋯⋯⋯⋯ 42
  - 3.1.1 人本主义理论⋯⋯⋯⋯⋯⋯⋯⋯⋯⋯⋯⋯⋯⋯⋯⋯⋯⋯⋯ 42
  - 3.1.2 动机激发理论⋯⋯⋯⋯⋯⋯⋯⋯⋯⋯⋯⋯⋯⋯⋯⋯⋯⋯⋯ 42
  - 3.1.3 动作技能形成理论⋯⋯⋯⋯⋯⋯⋯⋯⋯⋯⋯⋯⋯⋯⋯⋯⋯ 43
- 3.2 概念界定⋯⋯⋯⋯⋯⋯⋯⋯⋯⋯⋯⋯⋯⋯⋯⋯⋯⋯⋯⋯⋯⋯⋯⋯ 43
  - 3.2.1 专项⋯⋯⋯⋯⋯⋯⋯⋯⋯⋯⋯⋯⋯⋯⋯⋯⋯⋯⋯⋯⋯⋯⋯ 43
  - 3.2.2 高中专项化体育课程⋯⋯⋯⋯⋯⋯⋯⋯⋯⋯⋯⋯⋯⋯⋯⋯ 44

4 我国专项化体育课程的历史发展形态与特征⋯⋯⋯⋯⋯⋯⋯⋯⋯⋯ 45

- 4.1 20 世纪 60—80 年代初：运动训练式的单项运动体育课程⋯⋯⋯⋯ 46
  - 4.1.1 以"竞技体育"思想为指导⋯⋯⋯⋯⋯⋯⋯⋯⋯⋯⋯⋯⋯ 46
  - 4.1.2 以"运动训练"为主要教学方式方法⋯⋯⋯⋯⋯⋯⋯⋯⋯ 47
  - 4.1.3 教学内容具有明显竞技化倾向⋯⋯⋯⋯⋯⋯⋯⋯⋯⋯⋯⋯ 48
- 4.2 20 世纪 80—90 年代：尊重学生个性发展的专项选修体育课程⋯⋯ 48
  - 4.2.1 逐步确立"终身体育"指导思想⋯⋯⋯⋯⋯⋯⋯⋯⋯⋯⋯ 49
  - 4.2.2 教材内容实现了"由教师选择"到"学生自主选择"的转变⋯ 49
  - 4.2.3 仍以"技术教学"为中心，开始理性对待技术教学与增强体质的关系⋯ 50
  - 4.2.4 教学方法实现从"训"向"教"观念的转变⋯⋯⋯⋯⋯⋯⋯ 51
- 4.3 2017 年至今：学科素养引领下的上海市高中专项化体育课程⋯⋯ 52
  - 4.3.1 以"健康第一，立德树人"为指导思想⋯⋯⋯⋯⋯⋯⋯⋯ 52
  - 4.3.2 以高中为桥梁，以切实帮助学生掌握一项运动特长为目标⋯⋯ 53
  - 4.3.3 明确将技术传授方法纳入课程，注重学生认知学习能力培养⋯ 53
  - 4.3.4 以学生体育素养的养成为评价参考⋯⋯⋯⋯⋯⋯⋯⋯⋯⋯ 54

5 高中专项化体育课程改革的效果评估与分析⋯⋯⋯⋯⋯⋯⋯⋯⋯⋯ 55

- 5.1 评估指标体系的确定与遴选⋯⋯⋯⋯⋯⋯⋯⋯⋯⋯⋯⋯⋯⋯⋯⋯ 55
  - 5.1.1 评估指标体系的初步确定⋯⋯⋯⋯⋯⋯⋯⋯⋯⋯⋯⋯⋯⋯ 55
  - 5.1.2 评估指标体系的专家验证与优化⋯⋯⋯⋯⋯⋯⋯⋯⋯⋯⋯ 57

  5.1.3 评估指标体系的最终确定 ·· 59
  5.1.4 评估指标的内容、调查意向及数据来源 ································ 59
 5.2 高中专项化体育课程改革对学生体能达成的效果测评 ······················ 60
  5.2.1 改革前专项化学生与非专项化学生各体能指标的结果 ··············· 61
  5.2.2 改革后专项化学生与非专项化学生各体能指标的结果 ··············· 62
  5.2.3 上海市专项化体育课程改革后学生体能达成效果的综合性分析 ···· 67
 5.3 高中专项化体育课程改革对学生运动技能达成的效果测评 ················ 68
  5.3.1 专项化学生运动技能达成情况的问卷调查 ····························· 68
  5.3.2 专项化学生运动技能达成情况的实地测量 ····························· 69
  5.3.3 专项体育课程改革对学生运动技能达成效果的综合性分析 ········· 75
 5.4 高中专项化体育课程改革对学生课堂身体活动水平达成的效果测评 ····· 76
  5.4.1 专项化学生与非专项化学生体育课堂身体活动水平的总体比较 ···· 76
  5.4.2 不同项目间专项化学生与非专项化学生课堂身体活动水平的比较 ·· 77
  5.4.3 不同项目间专项化学生与非专项化学生基本部分身体活动水平的比较 ·· 78
  5.4.4 不同性别专项化学生与非专项化学生课堂身体活动水平的比较 ···· 79
  5.4.5 不同年级专项化学生与非专项化学生课堂身体活动水平的比较 ···· 79
  5.4.6 不同肥胖程度专项化学生与非专项化学生课堂身体活动水平的比较 ·· 80
  5.4.7 高中专项化体育课程改革对学生课堂身体活动水平达成的综合性分析 ·· 80
 5.5 高中专项化体育课程改革对学生一周身体活动情况的达成效果测评 ····· 81
  5.5.1 专项化学生与非专项化学生平均每天中高强度身体活动时间的比较 ·· 82
  5.5.2 专项化学生与非专项化学生中高强度身体活动周频次的比较 ······ 82
  5.5.3 专项化学生与非专项化学生平均每天中高强度能量消耗的比较 ···· 83
  5.5.4 专项化学生与非专项化学生身体活动形式的比较 ···················· 84
  5.5.5 专项化学生与非专项化学生身体活动意向的比较 ···················· 85
  5.5.6 高中专项化体育课程改革对学生一周身体活动情况达成效果的综合性分析 ··· 85
 5.6 高中专项化体育课程改革对学生体育品德培养的效果测评 ················ 86
  5.6.1 对专项教师、专家的学生体育品德培养情况访谈 ···················· 87
  5.6.2 对专项化学生的问卷调查及访谈 ·· 89
  5.6.3 专项体育课程改革对学生体育品德培养效果的综合性分析 ········· 90
 5.7 高中专项化体育课程改革对学生体育学习兴趣培养的效果测评 ··········· 91
  5.7.1 不同性别、年级间学生体育学习兴趣达成效果的总体分析 ········· 91
  5.7.2 不同性别、年级间学生积极兴趣达成效果测评 ······················· 92
  5.7.3 不同性别、年级间学生自主与探究兴趣达成效果测评 ··············· 93
  5.7.4 不同性别、年级间学生运动参与兴趣达成效果测评 ················· 93
  5.7.5 不同性别、年级间学生关注体育达成效果测评 ······················· 94
  5.7.6 不同性别、年级间学生缺乏体育学习兴趣情况测评 ················· 94

5.7.7 专项化课程改革对学生体育学习兴趣培养的综合性分析 ····· 95
5.8 高中专项化体育课程改革对专项教师体育教学行为的效果测评 ····· 96
5.8.1 专项教师对课程改革的认知态度 ····· 97
5.8.2 专项教师的课前设计行为 ····· 98
5.8.3 专项教师的课中实施行为 ····· 100
5.8.4 专项教师的课后评价与反思行为 ····· 102
5.9 上海市高中专项化体育课程改革效果的综合性分析 ····· 102

6 高中专项化体育课程改革存在的主要问题及问题产生的原因分析 ····· 106
6.1 课程改革对不同项目运动技能达成效果差异明显 ····· 106
6.1.1 不同项目间运动技能达成效果差异明显的问题表现 ····· 106
6.1.2 不同项目间运动技能达成效果差异明显的原因分析 ····· 107
6.2 课程改革后专项化学生课堂身体活动水平仍有较大提升空间 ····· 110
6.2.1 专项化学生课堂身体活动水平达成效果欠佳的问题表现 ····· 110
6.2.2 专项化学生课堂身体活动水平达成效果欠佳的原因分析 ····· 111
6.3 高中专项化体育课程体育品德的培养价值有待展现 ····· 118
6.3.1 专项化学生体育品德培养价值有待展现的问题表现 ····· 118
6.3.2 专项化学生体育品德培养价值有待展现的原因分析 ····· 119
6.4 课程改革尚未促进学生良好身体活动行为形成 ····· 124
6.4.1 专项化学生有效身体活动行为尚未形成的问题表现 ····· 124
6.4.2 专项化学生有效身体活动行为尚未形成的原因分析 ····· 125
6.5 课程改革后专项教师的自身专业成长不足 ····· 131
6.5.1 专项教师自身专业成长不足的问题表现 ····· 131
6.5.2 专项教师自身专业成长不足的原因分析 ····· 133
6.6 专项化体育课程改革方案的自身设计有待继续完善 ····· 133

7 高中专项化体育课程改革实施的改进建议 ····· 138
7.1 形成共识：专项化体育课程是以运动项目为载体的课程 ····· 138
7.2 拓展资源：从社会中弥补专项化体育课程资源的不足 ····· 139
7.3 课程开发：因校而宜地开发校本体育课程教材 ····· 141
7.4 强化师资：不断提高教师专项技能教学能力 ····· 142
7.5 注重竞赛：建立面向全体学生的联赛体系 ····· 144
7.6 因材施教：克服学生个体差异，有效进行分层教学 ····· 145
7.7 完善评定：推进《青少年运动技能等级标准》的研制与实施 ····· 146

  7.8 加强监控：通过动态数据监测课程改革的成效⋯⋯⋯⋯⋯⋯147

8 结论与建议⋯⋯⋯⋯⋯⋯⋯⋯⋯⋯⋯⋯⋯⋯⋯⋯⋯⋯⋯⋯⋯⋯148

主要参考文献⋯⋯⋯⋯⋯⋯⋯⋯⋯⋯⋯⋯⋯⋯⋯⋯⋯⋯⋯⋯⋯⋯⋯150

附录⋯⋯⋯⋯⋯⋯⋯⋯⋯⋯⋯⋯⋯⋯⋯⋯⋯⋯⋯⋯⋯⋯⋯⋯⋯⋯154

  附录1 上海市高中专项化体育课程改革调查问卷（学生问卷）⋯⋯154

  附录2 上海市高中专项化体育课程改革调查问卷（教师问卷）⋯⋯158

  附录3 体力活动（加速度传感器）测试记录表⋯⋯⋯⋯⋯⋯⋯161

  附录4 高中专项化体育课程改革体育品德培养访谈表⋯⋯⋯⋯161

  附录5 高中生体育学习兴趣评价量表⋯⋯⋯⋯⋯⋯⋯⋯⋯⋯162

  附录6 家长告知书⋯⋯⋯⋯⋯⋯⋯⋯⋯⋯⋯⋯⋯⋯⋯⋯⋯164

  附录7 指标体系专家评价表⋯⋯⋯⋯⋯⋯⋯⋯⋯⋯⋯⋯⋯⋯165

1

绪 论

1.1 研究背景

1.1.1 时代诉求：学校体育走向高质量发展需要进行体育课程改革

学校体育作为整个教育系统的有机组成部分，承担着知识、技能与价值观念的教化任务，它以体育教学为主要载体，向学生系统地传授体育运动经验，促进学生运动实践能力的发展，丰富学生在健身、娱乐及其他活动中所需的身心体验与经历。长期以来，我国存在着幼儿园没有体育课、小学安全体育课、初中应试体育课、高中自由体育课、大学温柔体育课的体育课堂教学现象，致使学校体育仍是整个教育事业相对薄弱的环节、学生体质健康水平仍是学生素质的明显短板。当人们质疑学生体质健康水平持续下降的时候，往往将矛头指向中学体育教学。高中体育处在学校体育教育的中间环节，在高中升学考试压力的大环境中，一方面由于片面追求升学率，社会和学校存在重智育、轻体育的倾向，学生课业负担过重，休息和锻炼时间严重不足；另一方面由于体育设施和条件不足，学生体育课和体育活动难以保证，长期处于边缘境地，处于"说起来重要、做起来不要"的尴尬窘境，形成了一种只顾眼前高考的短期效益与忽略学生体质健康长足发展的错位教育观。

近年来，国家层面不断意识到学校体育教育问题的严重性，先后出台了一系列指导性文件，旨在不断提高学生体质健康水平。例如，党的十八届三中全会通过的《中共中央关于全面深化改革若干重大问题的决定》中提出"强化体育课和课外锻炼，促进青少年身心健康、体魄强健"；《中共中央 国务院关于深化教育教学改革全面提高义务教育质量的意见》中指出"坚持健康第一"。近年来，有学者反思"12年的体育课我们教会了学生什么"。诚然，从小学开始到大学二年级结束（14年）的体育课，在学时数、开课年限上并不少于其他课程，甚至超越了物理、化学等，但体育课程对学生产生了什么影响？它给人们留下了什么？长期以来，体育课程教学始终以应试教育、达成政策刚性指标要求为出发点，而欠缺对学生体育学习兴趣的培养、专项运动技能的强化及运动习惯的培养等，这不仅是学校体育独有的问题，亦存在于我国学校教育中。

在现行的高中体育模块教学中，学生在一个学期里往往要面临篮球、排球、足球、武术、体操等项目多样性的学习，虽丰富了学生运动学习的经历，但实践表明，多样性的学习难以保证反复刺激学生单项运动技能掌握的学习时间，即使学了某项运动技术，也会因缺少长时间的巩固强化而淡忘和消退，因为学生的注意力不断地处于被动转移中，学生不断地接受新的学习项目。因此，积极探索学生喜欢且能持续提高学生运动技能的体育教学范式，是激发学生运动兴趣、提高学生运动技能、增强学生体质健康的核心路径。

现阶段"健康第一"指导思想下的运动技能教学既无现成模式，也无固定模式，这就需要我们不断实践、勤于反思、善于总结，探索出有利于学生健康发展的、多样化的运动技能教学新模式。鉴于学校体育教育存在的现实问题，上海市教育委员会（以下简称上海市教委）在二期课程改革的基础上，敏锐地洞察到未来学校教育的发展趋势，牢固树立"健康第一"的理念，在高中阶段积极探索新的体育课程与教学模式，于2012年率先提出在高中阶段实施体育专项化教学改革，2013年9月正式进入学校试运行，高中体育专项化教学应运而生。高中体育专项化教学突破了学校体育"样样学"的传统教学模式，以学生爱好与特长为基础，让学生自主选择喜爱的运动项目，在高中阶段持续地学习1~2项运动技能。高中体育专项化教学旨在充分挖掘运动技能的载体、迁移等功能，通过实现短期运动技能目标，提高学生体质健康水平，唤醒学生持久参与体育的意识，培养学生健康的体育生活方式。

1.1.2 实践困惑：专项化体育课程改革的实施效果亟须进行科学测评

2013年春季学期，上海市在高中体育教学中，开展以学生兴趣和技能水平为依据,打破传统年级、班级概念的分层次专项化体育课程教学改革(即高中专项化体育课程改革)[1][2]。此项改革已经纳入上海市教委的"十三五"规划[3],2015年进行了第二批学校试点(表1-1),2018年全市推广。上海市高中专项化体育课程以运动技能教学为主体,其形式源于《普通高中体育与健康课程标准(2017年版)》引领下的选项制,但略有不同,主要特征为:①三年一贯制学习一个运动项目,进行"走班制"教学,期间若有学生运动兴趣发生转移,则可适当进行项目调整;②原来的每周"三课两活动"改为"四课一活动",教学时间改为80 min,每周安排两次"80+80" min或者"80+40+40" min的专项化体育课程;③25人左右的小班化教学;④专项化体育课程教学内容以专项技能为主,包括专项技能与战术、专项基本理论、专项发展的历史与文化、竞赛组织与训练方法,以及竞赛规则及裁判法等;⑤开设项目从学校实际条件出发,优先保证学校传统强项发展,高度重视田径、游泳等基础项目。专项化体育课程改革初期不宜设置过多的专项。年级规模在12~15班的学校,专项数量一般控制在6~7项;年级规模在8~11班的学校,专项数量一般控制在5~6项;年级规模在8个班以下的学校,专项数量一般不超过5项。选项工作遵循学生选项优先、统一调配为辅的原则。

表1-1 第一、二批高中专项化体育课程改革试点学校名单

区县	第一批	第二批
黄浦区	上海市光明中学	上海市五爱高级中学
徐汇区	上海市位育中学	上海市南洋中学、上海市第四中学
长宁区	上海市延安中学	上海市西郊学校
静安区	上海市市西中学	上海市民立中学
普陀区	上海市曹杨第二中学	上海市宜川中学、上海市甘泉外国语中学
闸北区	上海市新中高级中学	上海市风华中学、上海大学附属中学
虹口区	上海市复兴高级中学	上海市继光高级中学
杨浦区	复旦大学附属中学	上海市杨浦高级中学、上海理工大学附属中学

---

[1] 上海市教育委员会. 上海市教育委员会关于印发《上海市高中体育专项化课程改革指导意见(试行)》的通知[EB/OL]. (2015-10-26) [2022-09-11]. https://edu.sh.gov.cn/xxgk2_zdgz_qtjy_01/20201015/v2-0015-gw_415082015008.html.
[2] 上海市教育委员会. 关于开展"高中体育专项化"教学改革试点工作的通知[EB/OL]. (2012-12-07) [2022-09-11]. https://edu.sh.gov.cn/xxgk2_zdgz_qtjy_01/20201015/v2-0015-gw_415082012007.html.
[3] 上海市教育委员会. 关于印发《上海市学校体育发展"十三五"规划》的通知[EB/OL]. (2016-11-15) [2022-09-11]. https://edu.sh.gov.cn/xxgk2_zhzw_ghjh_01/20201015/v2-0015-gw_301132016003.html.

续表

区县	第一批	第二批
闵行区	上海市金汇高级中学	上海市闵行第二中学
宝山区	上海市行知实验中学	上海市吴淞中学
嘉定区	上海市嘉定区第二中学	上海市嘉定区第一中学
浦东新区	上海市川沙中学	上海市新场中学
金山区	上海市亭林中学	上海市张堰中学
松江区	上海市松江二中	华东师范大学松江实验高级中学
青浦区	上海市朱家角中学	上海市青浦高级中学
崇明县	上海市崇明县城桥中学（现上海市崇明区城桥中学）	上海市崇明县民本中学（现上海市崇明区民本中学）

为保障课程改革的顺利实施，上海市在制度保障、师资保障、经费物质保障、排课等方面采取了一系列相应的措施。在制度保障方面，建立了课程改革领导机制，成立了课程改革领导小组，定期开展专项化教学视导。在师资保障方面，出台了高质量配齐专项体育教师意见[1]。一方面，充分挖掘学校现有的教师资源，引进或聘用较高水平的专项教师；另一方面，聘请符合条件的教练员作为兼职教师，加入学校的专项化师资队伍。在经费物质保障方面，各区县设立课程改革专项资金，用于试点学校体育场地改造和添置器材。在排课方面，上海市教委提出专项化体育课程优先排课的原则。此外，制定了一系列的宣传动员政策。

上海市高中专项化体育课程改革引起了多方学者和媒体的关注。2015年全国政协十二届三次会议期间，政协委员姚明提出"推行专项体育课"的提案[2]。此项改革发挥了大中小学体育课程衔接的桥梁作用，上推《上海市学校体育发展"十三五"规划》中提出的高校公共体育个性化课程改革，下引小学兴趣化、初中多样化的体育课程改革。课程改革评估是有效检验课程实施质量的重要手段，通常采用科学的方法，收集课程改革的资料，对课程教学活动做出综合价值分析和判断，目的在于提高教学质量，推动课程建设。就常理而言，一项改革不断走向推广，需要经历启动、尝试、深化、创新的过程。上海市高中专项化体育课程改革经过几年的施行，改革的效果如何呢？本研究旨在通过科学测评上海市高中专项化体育课程改革的效果，明晰高中专项化体育课程改革中存在的问题，并提出优化性建议，望对高中专项化体育课程改革的深化有所裨益。

---

[1] 上海市教育委员会. 上海市教育委员会关于印发《上海市高中体育专项化课程改革指导意见（试行）》的通知[EB/OL]. （2015-10-26）[2022-09-11]. https://edu.sh.gov.cn/xxgk2_zdgz_qtjy_01/20201015/v2-0015-gw_415082015008.html.

[2] 李小伟. 姚明说得对，体育专项化教学是方向[EB/OL].（2015-03-06）[2022-09-11]. http://edu.people.com.cn/n/2015/0306/c1053-26648221.html.

1.1.3 理论关注：如何科学推进专项化体育课程改革一直受到关注

从理论层面而言，上海市高中专项化体育课程改革注重学生的专长培养，满足了高中学生对运动技能及专项理论知识深度学习的要求，遵循了《普通高中体育与健康课程标准（2017年版）》中的育人精神和理念，遵循了《国务院办公厅关于强化学校体育促进学生身心健康全面发展的意见》中提出的"让学生熟练掌握一至两项运动技能""提高学生专项运动能力"的目标要求；遵循了《国务院关于印发全民健身计划（2016—2020年）的通知》中"提高青少年的体育素养和养成健康行为方式"的重要内容。上海市作为全国教育改革的试验田，在健康中国背景下提出此项改革，充分响应了国家推进健康中国建设的号召，是具有时代进步意义的。然而，事物发展存在两面性，往往发展与问题并存。任何一项课程改革均是一个长期漫长的过程，需要克服和迎接诸多困难与挑战。教育改革和发展的许多任务和方案，最终都需要通过课程改革落实到学校中，落实到课堂中，落实到教师和学生的行为上[1]。通过访谈得知，大部分高中专项化体育教师认为，专项化体育课程改革满足了学生兴趣需求，对学生而言是一大福音，但对于教师的业务能力等提出挑战，许多教师对于此项改革如何有序实施仍然心存疑惑。

事实上，任何一项课程改革的有效施行，均需具备专业的师资队伍、优异的教学条件、完善的教学组织和教学考核体系等。那么，上海市高中专项化体育课程改革在实施过程中，如何优化专项化体育课程实施策略？如何避免场地和师资不足、设施不完善等教学条件可行性问题[2]？如何在专项化体育课程的育人价值方面发挥出更高的效益？以上问题均需要在理论层面上明确回答。这就要求在宏观层面提出优化性的理论建议，在课堂微观教学设计层面提出更加优化性的改进方案。唯有解决以上困惑，高中专项化体育课程改革的实践方能乘风破浪、有序运行。

1.2 研究目的

1.2.1 进行概念界定，确定高中专项化体育课程改革的效果评估指标

概念是事物研究的逻辑起点。只有明晰体育课程改革效果评估的概念内涵，

---

[1] 陈宝生. 发挥课程标准的龙头作用[J]. 基础教育课程，2018（1）：1.
[2] 时立新. 从实际出发、积极推广专项体育课[J]. 中国学校体育，1994（2）：72.

建构高中专项化体育课程改革的效果评估指标，才能对课程改革的效果进行有效测评。此外，应进一步确定评估指标的依据，对评估指标进行有效的解读，确保评估指标制定的有效性、客观性、准确性、可操作性。

1.2.2　开展实证调查，测评上海市高中专项化体育课程改革的实施效果

上海市高中专项化体育课程改革已经实施10年有余，并且全市推广，但其实施的效果如何亟须科学测评。本研究将采用科学的测评手段，辅以实地性的调查，对高中专项化体育课程改革的效果进行有效的评估。本研究一方面为专项化体育课程改革的实践提供科学数据支撑；另一方面准确发现高中专项化体育课程改革中存在的问题，有益于高中专项化体育课程改革的深化。

1.2.3　结合测评结果，发现改革中存在的问题并进行相应的原因分析

测评结果是高中专项化体育课程改革效果的有效反映。只有准确发现高中专项化体育课程改革中存在的问题，才能使高中专项化体育课程改革的深化有的放矢。本研究将基于测评结果，探究高中专项化体育课程改革中存在的主要问题，并分析其影响因素，为之后高中专项化体育课程实施的优化提供理论参考和实践依据。

1.2.4　针对存在的问题，进一步提出针对高中专项化体育课程改革的优化建议

评估检测的最终目的不在于证明，而在于改进。本研究将针对高中专项化体育课程改革中暴露出的问题，从不同层面提出优化性的建议，并进行课堂教学质量的改进，最终从理论和实践两个方面促进高中专项化体育课程改革的深化，切实提升高中专项化体育课程改革的实效。

1.3　研究意义

1.3.1　有利于高中专项化体育课程改革中存在问题的准确发现

从高中专项化体育课程改革的问题域来看，"改的效果如何""为什么改""怎么改"问题一直有待厘清。高中专项化体育课程改革既有其历史动因，又是学校

体育内部瓶颈问题的亟须突破之处,同时又受到现实问题的羁绊。本研究从发现问题的角度出发,从多个维度对高中专项化体育课程改革的效果进行评估,准确发现课程改革中存在的问题及问题产生的原因,对于高中专项化体育课程改革的深化具有重要的参考价值。

1.3.2 有利于为高中专项化体育课程改革的深化提供有益的数据支撑

理论层面的改革仅是一种畅想与呼唤,实践性的改革才是对现实问题的关注与解答。高中专项化体育课程改革,重在解决学生难以熟练掌握运动技能的问题,从现实层面而言本身便具有重要的现实意义。上海市高中专项化体育课程改革实施已久,具体实施效果如何?亟须科学诊断。科学测评高中专项化体育课程改革的效果,形成数据库,可以为高中专项化体育课程改革的深化提供有效的数据支撑。

1.3.3 有利于为高中专项化体育课程改革的更加科学化提供方案支撑

虽然专项化体育课程提出已久,但是专项化体育课程开设条件是否能够满足教学要求?专项化体育课堂的身体活动水平是否达到了应有的促进学生体质健康效益的要求?专项教师的专业素养是否达到教学的要求?以上问题均需要明确解答。本研究将基于测评数据的分析,辅助访谈、问卷调查获取真实的资料,不仅能够为以上问题的解决提供科学答案,而且能够为高中专项化体育课程教学的实践提供科学的方案,对于高中专项化体育课程改革的完善具有一定实践价值。

1.3.4 有利于高中专项化体育课程改革育人效益的提高

学生是课程改革的直接获益者。一方面,科学评估高中专项化体育课程改革的效果,有利于厘清高中专项化体育课程改革对于学生运动技能的提高、健全人格的培养、健康行为的养成的价值,发现其中存在的问题,进行过程性优化。另一方面,高中专项化体育课程改革对教师业务能力提出更高质量要求,倒逼专项体育教师改进教学行为,助推自我提升的内生动力。因此,高中专项化体育课程改革无论是对于学生人才培养质量的提高，还是对于教师业务能力的提高均具有重要的现实意义。

1.4 研究思路

本研究遵循"提出问题—分析问题—解决问题"的基本思路展开研究。首先，对专项化体育课程教学的历史发展形态进行梳理，寻找历史依据，分析其必要性及可行性；其次，确定效果评估指标体系，从实然出发测评改革效果，并分析存在的主要问题及问题产生的原因；最后，从应然的理论出发，围绕事实展开演绎，对高中专项化体育课程改革的实施提出优化性建议（图1-1）。

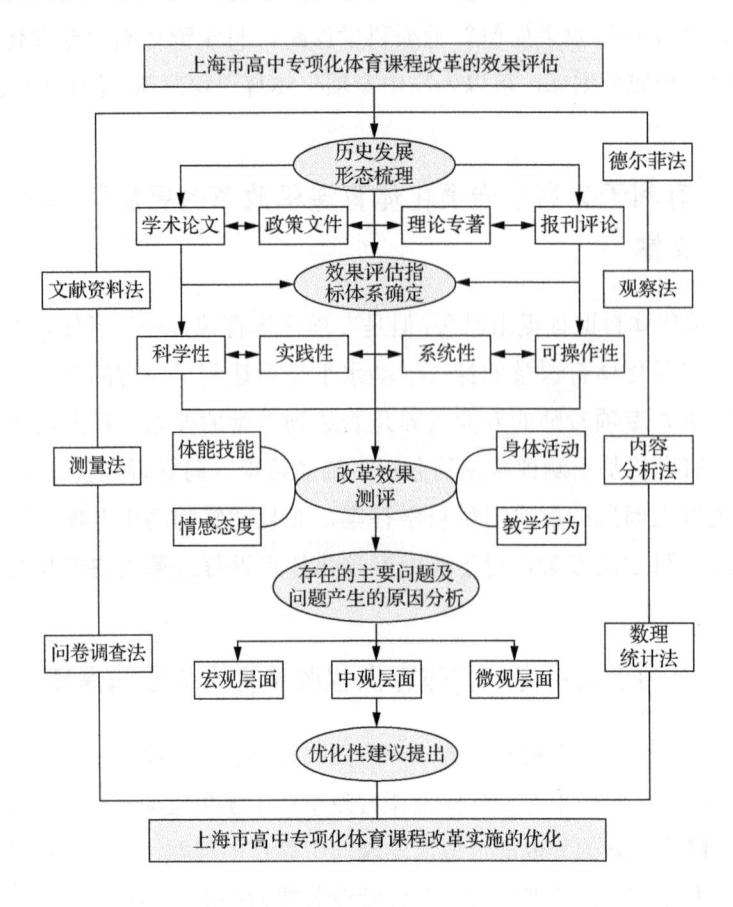

图1-1 研究技术路线图

1 绪　论

1.5　研究方法

1.5.1　文献资料法

利用 CNKI、WOS、EBSCO 等国内外数据库的检索工具，对有关专项化体育课程的学术文献进行检索。文献查阅主要以"专项化体育课"为主题词进行查询，附加苏竞存、林笑峰、赖天德等知名学校体育专家搜索法的方式，对相关学校体育学专著和教材进行补充，共收集 200 余篇学术论文、100 余部相关学术著作。其中，专项化体育课程与教学发展形态的历史梳理，查阅了《学校体育史》《当代体育》等文献。

1.5.2　测量法

1.5.2.1　受试对象的确定

通过多阶段分层抽样法，即首先确定调研区域，其次以教学班为单位进行随机整群抽样，最后确定受试对象。随机选取上海市 12 个区作为测试区域，每个区选取 2~3 所专项化和非专项化试点学校。然后，从每所学校中选取 6 个专项班，涵盖高一到高三年级，每个班分别选取男女各 5 名学生进行测试。累计测量调查专项化学生 1981 名、非专项化学生 1015 名。

需要说明的是，针对体能、课堂身体活动水平、体育学习兴趣对以上样本中的所有学生进行测量。一周的身体活动水平测试，由于加速度计数量有限，并且测量耗时较长，在总样本中随机抽取了 671 名专项化学生、428 名非专项化学生进行测试。运动技能达成情况的测量，是针对高三专项化学生和非专项化学生进行的。选择高三学生，是因为高三学生在经过 3 年的专项化学习后，能够有效反映专项化体育课程改革后学生的运动技能达成情况。测试项目的选择充分考虑了项目特征，分别选取了同场对抗大球类项目"篮球"和"足球"、同场隔网对抗小球类项目"网球"、民族传统体育类项目"武术"进行测试。由于总样本的 1981 名专项化学生中，每个项目只有 90 余名高三学生（4 个项目约 360 名），为了更加有效地反映学生运动技能达成的效果，减小样本误差，本研究在前期测试数量的基础上增加了样本量。最终，每个项目共测试专项化学生 559 名、非专项化学生 537 名。

1.5.2.2 测量工具的选取

针对学生体能达成情况，依据《国家学生体质健康标准（2014 年修订）》，共选取了 11 项指标进行测试；针对学生身体活动达成情况，采用三轴加速度计（ActiGraph GT3X+）进行测试；针对学生运动技能达成情况，采用上海体育学院科研团队研制的《青少年运动技能等级标准》，对学生运动技能等级三级达成情况进行测量；针对学生体育学习兴趣的改变情况，采用汪晓赞研发的高中生体育学习兴趣量表进行测量。

1.5.2.3 调查与测试过程

（1）体能测试的内容与过程

《普通高中体育与健康课程标准（2017 年版）》中指出，测试和评价学生体能水平主要依据《国家学生体质健康标准（2014 年修订）》进行。本研究共选取了 11 项测试指标，其中以身高（m）、体重（kg）、BMI（Body Mass Index，体质指数）（kg/m^2）作为衡量身体形态指标；身体机能指标主要通过肺活量来测量；运动素质指标主要通过 50 m 跑、坐位体前屈、立定跳远、男生引体向上、女生 1 min 仰卧起坐、男生 1000 m 跑、女生 800 m 跑来测量。

为了测评高中专项化体育课程改革对学生体能达成的效果，首先抽取了改革前（2013 年）第一、二批专项化实施学校学生的体质测试数据，与非专项化实施学校学生的数据进行对比，观测二者学生体质整体水平的一致性；然后将改革后（2019 年）专项化学生和非专项化学生体测数据进行对比，以检验上海市高中专项化体育课程改革对学生体能达成的效果。

（2）课堂身体活动水平测试的内容与过程

2018 年 3—12 月，通过多阶段分层抽样原则，本研究对上海市高中专项化学生开展测试与调查。第一阶段，以市区和郊区为考虑因素，随机抽取了上海市 12 个区县作为调查区域。第二阶段，根据抽样设计，在对样本区县按年级分层后（高中 3 个年级共 3 层），将区县、学校、年级信息编制复合编码作为二级抽样框，随机抽取接受调查学校中的具体班级，共计抽取 204 个专项化班级。第三阶段，在被抽中的班级中，依据性别进行排序，采用系统抽样的方法从每个班级中抽取男女各 5 名学生进行测试，累计 2040 名。测试结束后，剔除不合格样本（剔除标准：加速度计佩戴数据无效，问卷填写不全），最终有效样本为专项化学生 1981 名、非专项化学生 1015 名。测试项目，以目前广泛开展的篮球、排球、足球、乒乓球、羽毛球、网球、武术、健美操 8 个专项为主。

在仪器发放过程中，记录学生姓名、仪器编号，并讲解佩戴仪器的规范和注意事项。测试的同时，运用身高、体重测量仪，对学生的身高、体重进行测量，计算 BMI。

测试完成后，采用加速度计分析软件（ActiLife 6.5），对数据有效性进行筛选和统计分析，采用 5 s 的时间间隔记录加速度计的测量数据。采集数据时，每小时至少包括 45 min 的"非零加速度计数据"，为筛选有效身体活动的最低标准。加速度计记录数据时以 counts 值为计量单位，根据 counts 值可将身体活动分为不同的强度。本研究依据朱政等[1]研制的中国儿童青少年的强度分类标准，将身体活动分为了"静态身体活动（Sedentary Physical Activity，SPA）""低强度身体活动（Low Physical Activity，LPA）""中高强度身体活动（Moderate and Vigorous Physical Activity，MVPA）" 3 个等级。具体测试指标如下：①平均身体活动强度百分比：有效佩戴时间内，加速度传感器垂直轴总 counts 值除以有效佩戴时间。②静态身体活动时间百分比：加速度传感器垂直轴 counts 值小于 100/min 的时长，占每堂课身体活动水平的百分比。③中高强度身体活动时间百分比：加速度传感器垂直轴 counts 值大于或等于 2000/min 的时长，占每堂课身体活动水平的百分比。中高强度体育课堂身体活动推荐量标准：根据世界卫生组织[2]*Healthy People 2010*（《健康国民 2010》）的建议，体育课需保证 50%的中高强度身体活动时间占比。

测试对象的基本特征（性别、年龄、体重、身高、BMI）如表 1-3 所示。其中男生 1423 名，占总人数的 47.5%；女生 1573 名，占总人数的 52.5%，涵盖 3 个年级，男女比例适中。男生身高、体重、BMI 的均值都明显高于女生，男生 BMI 均值为（21.5±3.5）kg/m²，女生 BMI 均值为（21.2±4.0）kg/m²（表 1-2）。

表 1-2 测试对象基本信息（*n*=2996）

基本信息	男（*n*=1423） *M*±*SD*	女生（*n*=1573） *M*±*SD*	总样本 *M*±*SD*
年龄/岁	17.1±0.8	16.9±0.7	16.9±0.8
体重/kg	66.1±9.6	56.5±9.7	61.7±11.5
身高/cm	174.3±7.8	163.9±4.9	168.2±8.7
BMI/（kg/m²）	21.5±3.5	21.3±4.0	21.3±3.5

---

[1] ZHU Z, CHEN P, ZHUANG J. Intensity classification accuracy of accelerometer-measured physical activities in Chinese children and youth[J]. Research quarterly for exercise and sport, 2013, 84（Suppl2）: S4-S11.

[2] US DEPARTMENT OF HEALTH AND HUMAN SERVICES. Healthy People 2010[M]. 2nd ed. Washington, DC: US Government Printing Office, 2000: 12.

(3) 一周身体活动情况测试的内容与过程

笔者于 2018 年 3—7 月开展测试与调查工作。采用多阶段分层抽样法，在总样本中抽取 671 名专项化、428 名非专项化学生进行一周的身体活动测试。对象入选流程：①根据学校已有的体检报告和学生咨询，无明显高血压、高血脂、糖尿病等慢性疾患；②征得学校、学生及家长同意后，对被测对象发放监护人知情同意书；③教师详细介绍测试的流程、目的、意义及安全性后，同意参加本课题研究的学生，将家长知情同意书带给法定监护人签字。测试指标：主要是学生一周身体活动时间和能量消耗，包括静态、低强度、中高强度身体活动时间。同时，针对参加一周身体活动测试的学生进行了一对一的问卷调查（表 1-3）。

表 1-3　测试学校及有效样本情况（n=1099，其中专项化学生 671 名）

学校	所属区县	测试数量	有效数量	回收率/%
上海理工大学附中	杨浦区	138	112	81.2
上海市继光高级中学	虹口区	95	75	78.9
上海市曹杨第二中学	普陀区	68	47	69.1
上海市市西中学	静安区	60	45	69.2
上海市位育中学	徐家汇	60	45	75.0
上海市行知实验中学	宝山区	60	40	66.7
上海市川沙中学	浦东区	65	45	69.2
上海市延安中学	长宁区	65	51	78.5
上海市光明中学	黄浦区	60	40	66.7
上海市金汇高级中学	闵行区	60	35	53.8
上海交通大学附属中学	杨浦区（非）	50	45	90.0
上海市控江中学	杨浦区（非）	55	43	78.2
上海大学附属中学	宝山区（非）	55	45	81.8
上海市敬业中学	黄浦区（非）	40	36	90.0
上海市民立中学	静安区（非）	45	43	78.2
上海市文建中学	浦东区（非）	45	42	93.3
上海市风华中学	静安区（非）	38	35	92.1
上海市徐汇中学	徐家汇（非）	45	39	86.7
上海市虹口高级中学	虹口区（非）	25	23	92.0

测试所采用的三轴加速度计，由专业培训的工作人员指导受试者正确佩戴并收回，利用加速度计分析软件（ActiLife 6.5）对数据进行处理。研究证明，Bouchard

身体活动记录表调查结果与活动监测器结果相关性高达 0.82[①]。本研究依据 Bouchard 身体活动记录表，将身体活动日志改编为以 0～14 min、15～29 min、30～44 min、45～60 min 为行，以 15 min 为一单元格记录身体活动内容。如果活动内容不足 15 min，则可以酌情取舍。每天采用 1 个独立的表格进行记录，连续记录 7 天。同时，记录每天佩戴和取下加速度计的时间。

加速度计的测量数据的获取采用 60 s 的时间间隔。每天佩戴时间不少于 10 h 计为 1 个有效日，以 1 周至少佩戴 3 个有效日（2 个上学日+1 个周末日），每小时至少包括 45 min 的"非零加速度计数据"为最低标准，筛选有效的身体活动数据。测试完成后，采用加速度计分析软件（ActiLife 6.5）对数据有效性进行筛选和分析，采用 5s 的时间间隔记录加速度计的测量数据。加速度计以 counts 值为计量单位进行记录，根据 counts 值将身体活动分为不同的强度，同样依据朱政等[②]研制的中国儿童青少年的强度分类标准，将身体活动分为"静态身体活动""低强度身体活动""中高强度身体活动" 3 个等级。具体测试指标包括平均身体活动强度百分比、静态身体活动时间百分比、中高强度身体活动时间百分比。测试结束后，结合加速度计中记载的学生身体活动时间，对专项化学生的身体活动频次、身体活动形式进行记录统计。

（4）体育学习兴趣测量的内容与过程

体育学习兴趣量表的设计，依据汪晓赞研发的高中生体育学习兴趣评价量表编制而成，共有 41 道题目，涉及"缺乏兴趣""积极兴趣""自主与探究""运动参与""关注体育" 5 个维度。其中，第 6、10、18、21、24、26、29、30、32、34、37、40 题，共 12 道题为对高中专项化学生"缺乏兴趣"维度的调查，采用反向计分；第 2、9、12、15、20、23、31、39 题，共 8 道题为对高中专项化学生"积极兴趣"维度的调查；第 3、5、8、16、25、28、36、38 题，共 8 道题为对高中专项化学生"自主与探究"维度的调查；第 1、4、11、14、17、22、27、35 题，共 8 道题为对高中专项化学生"运动参与"维度的调查；第 7、13、19、33、41 题，共 5 道题为对高中专项化学生"关注体育"维度的调查（见附录 5）。

[①] CIEMES S A, O'CONNELL S E, EDWARDSON C L. Office workers' objectively measured sedentary behavior and physical activity during and outside working hours[J]. Journal of occupational and environmental medicine, 2014, 56(3): 298-303.

[②] ZHU Z, CHEN P, ZHUANG J. Intensity classification accuracy of accelerometer-measured physical activities in Chinese children and youth[J]. Research quarterly for exercise and sport, 2013, 84(Suppl 2): S4-S11.

为了确保量表的有效性，在问卷发放前，让学校体育学方面的10位专家对该量表的内容设计、结构设计和整体设计3个方面进行评价。10位专家均认为，问卷的内容合理有效。量表信度检验主要采用重测法，在第一次量表发放结束后，间隔一个月再次发放问卷，对第一次和第二次收回的数据做相关系数分析，问卷的5个维度"积极兴趣""缺乏兴趣""运动参与""体育关注""自主与探究"重测信度分别为0.88、0.75、0.77、0.69、0.85，总的相关系数$r=0.81$，相关系数值r越大，表明两变量间的线性相关程度越高，表示前后测量一致性越高、稳定性越好，由此可见该问卷信度较好。

为了能够较为准确地反映学生的体育学习兴趣培养及变化情况，量表发放时间主要是在2017年的高三下学期和高一、高二上学期开学时。采用多阶段分层抽样法，在上海市主城区及周边区县，对随机抽取的1981名专项化学生、1015名非专项化学生，共计2996名学生进行调查，回收问卷2815份，其中有效问卷2736份，有效回收率为91.3%（表1-4）。

表1-4 学生体育学习兴趣调查回收一览表

年级	发放问卷/份 （n=2996）	回收问卷/份 （n=2815）	有效问卷/份 （n=2736）	有效回收率/% （平均数=91.3）
高一	983	932	920	93.6
高二	1050	1023	961	91.5
高三	963	860	855	88.8

（5）运动技能达成测量的内容与过程

2018年的高三上学期，采用上海体育学院研发的《青少年运动技能等级标准》中的三级标准（入门级），对高三专项化学生和非专项化学生进行了测试。同时，由于下学期学生面临高考，很难组织学生进行测试，所以测试时间放在上学期。非专项化学生以在高中选修体育课中选修过篮球、足球、网球、武术的高三学生为主。

1.5.3 问卷调查法

1.5.3.1 问卷信效度检验

根据研究的需要，参考专家意见及相关文献，设计教师和学生问卷各1份，问卷设计采用结构式问卷。教师问卷主要包括教师基本情况、教师所教项目对口度、教师教学行为、职后培训情况、体育场地设施满意度、实施专项化体育教学面临的困难等。学生问卷包括学生基本情况调查、学生运动技能达成影响因素、课堂身体活动水平影响因素，以及专项化体育课程身体活动促进因素调查等。问卷发放前，聘请了10位具有高级职称的专家，让他们对问卷进行效度检验，检验结果良好并进行了发放（表1-5）。

表1-5 专家对问卷效度检验结果表

检验结果	内容效度/%	结构效度/%
可行	90	90
基本可行	10	10
不可行	0	0

为了保证测试问卷的可靠性，采用重测法对问卷进行信度检验，随意抽测了学生问卷40份、教师问卷20份，两次测试间隔两周，利用SPSS 22.0对两次测试的结果采用组内相关系数（Intraclass Correlation Coefficient，ICC）进行分析。结果显示，两次测试之间各问题的组内相关系数范围在0.65～0.84（$p<0.01$），表明问卷具有可接受的重测信度，符合研究需要。

此外，本研究还涉及两张量表，分别为学生体育学习兴趣量表和专项化体育课程身体活动促进因素量表。为了分析高中专项化体育课程改革对学生一周身体活动的进一步影响，本研究以美国学者格雷戈里（Gregory）在1999年研制的青少年身体活动促进模型为理论框架，结合高中专项化体育课程改革的特点，设计了身体活动促进性因素量表，共包括16个题项。其中，倾向因素设计了通过专项化学习"有利于我通过体育锻炼以促进身心全面发展""帮助我掌握更多动作名称、要领及方法""帮助我掌握更多体能知识""帮助我提高了参加体育锻炼的自信心""帮助我认识到参加体育锻炼的重要性""帮助我通过体育锻炼获得更多快乐""激发了我参加体育锻炼的兴趣"7个测量题项。促成因素设计了通过专项化学习"有利于我在课外有更多时间参加体育锻炼""提高了我的运动技能""提高了我的体能""有利于学校提供更多场馆器材满足我的身体活动需求""有利于专项化体育课程教学的正常进行，很少被其他课程挤占""有利于我有更多机会参加学校组织的体育活动（课外俱乐部、社团等）"6个测量题项。强化因素设计了通过专项化学习"有利于我的班主任或其他任课教师支持和鼓励我们参加体育锻炼""有利于我找到同伴进行体育锻炼""有利于我的体育教师更加支持我们参加体育锻炼"3个测量题项。问卷中"专项化学生身体活动促进因素量表"的信度检验，采用了验证性因子分析。

由表 1-6 可知，专项化体育课程身体活动促进性因素量表维度已经确立，共含 3 个维度，其量表总解释变异量为 76.63%，3 个维度组合信度分别为 0.90、0.84、0.82，克朗巴赫 α 系数分别为 0.85、0.81、0.76，说明具有较高的一致性。组合信度介于 0.82~0.90，说明该量表应用于本研究样本时具有较好的测量信度。

表 1-6　专项化体育课程身体活动促进因素量表的信度检验

因子命名	组合信度	含条目数	解释变异量/%	累进解释变异量/%	克朗巴赫 α 系数
倾向	0.90	7	8.69	61.09	0.85
促成	0.84	6	6.38	69.03	0.81
强化	0.82	3	5.14	76.63	0.76

此外，身体活动意向的选择主要参照日本"健康日本 21"（日本政府国民健康促进计划）中对学生参与运动意向的调研而设立，让学生设想自己未来的运动情况。从"目前每天能锻炼 1h 以上，未来也会保持这一习惯"到"不喜欢体育锻炼，将来也未打算参加体育锻炼"，将专项化学生的身体活动意向分为 5 个等级。问卷依据李克特 5 点式量表编制而成，选项为"非常符合、比较符合、不能确定、不太符合、很不符合"，得分由高到低分别计为 5 分、4 分、3 分、2 分、1 分。

1.5.3.2　问卷发放与回收

通过多阶段分层抽样法，对 1981 名专项化学生、1015 名非专项化学生、137 名专项教师进行问卷调查。为保证问卷填写的质量，学生和教师问卷均采用现场填写、现场回收的方式。最终，回收学生问卷 2815 份，其中有效问卷 2736 份，有效回收率为 91.3%；回收教师问卷 131 份，其中有效问卷 126 份，有效回收率为 92.0%（表 1-7、表 1-8）。

表 1-7　学生问卷调查回收一览表

年级	发放问卷/份 (n=2996)	回收问卷/份 (n=2815)	有效问卷/份 (n=2736)	有效回收率/% （平均数=91.3）
高一	983	932	920	93.6
高二	1050	1023	961	91.5
高三	963	860	855	88.8

1 绪　　论

表 1-8　教师问卷调查回收一览表

性别	发放问卷/份 （n=137）	回收问卷/份 （n=131）	有效问卷/份 （n=126）	有效回收率/% （平均数=92.0）
男	71	69	66	93.0
女	66	62	60	90.9

1.5.4　德尔菲法

为了确定高中专项化体育课程改革的效果评估指标，本研究通过专家咨询和论证的方式，对评估指标进行了筛选、优化，专家由长期从事学校体育的教授、课程改革小组领导、上海市及各区教研员组成。本次选择的专家最短工作年限为 15 年，最长工作年限为 45 年，均具有长期的体育课程与教学研究经验。

1.5.5　观察法

笔者于 2018 年 3—12 月对高中专项化学生的课堂身体活动水平进行测试的同时，进行了课堂观察，共观察 296 节课。观察指标主要针对部分影响专项化体育课堂身体活动水平的因素，包括专项化体育课程教学内容和数量、有无专项体能练习、学生练习时间、温度气候、课堂类型、下节课有无文化课。观察记录的同时进行全程录像，对记录不清楚的内容进行录像回放，确保观察的有效性。最后对学生的课堂身体活动水平进行相关分析、回归分析，发现主要的影响因素。

1.5.6　内容分析法

采用质性分析 NVivo 软件，对高中专项化体育课程体育品德培养效果及影响因素的访谈资料进行编码和整理。首先，通过各级编码建立节点方式进行标记；其次，做相应的统计和量化处理；最后，通过量化内容的呈现，做专项化体育课程体育品德培养效果及影响因素的可视化分析。

访谈对象的确定采用"目的性抽样"的方式，以参与专项化体育课程改革的学校体育管理人士、学校体育专家、体育教师为主，抽取符合研究目的并能为研究问题提供最大信息量的访谈对象。最终，确定了高中专项化体育教师 23 名（包括新入职教师、专家型教师等各层次），涉及各年龄段，其中男教师 13 名、女教师 10 名，教龄最长的为 40 年、最短的为 1 年（表 1-9）。

表 1-9　部分受访体育教师的基本情况

序号	教师	性别	教龄/年	开始工作时间/年	职称	行政职务
1	A 教师	男	40	1979	高级	改革副组长
2	B 教师	女	22	1997	高级	教研员
3	C 教师	男	28	1991	高级	教研组长
4	D 教师	男	2	2017	初级	无
5	E 教师	女	1	2018	初级	无
6	F 教师	女	6	2013	中级	无
7	G 教师	男	9	2010	中级	无
8	H 教师	男	11	2008	中级	无
9	I 教师	男	17	2002	高级	教研员
10	J 教师	女	3	2016	初级	无
……	……	……	……	……	……	……

数据收集主要采用半结构化访谈的形式，对专项化体育教师进行访谈。首先，确立访谈提纲，访谈主要围绕以下两个问题展开。①您认为，高中专项化体育课程改革对学生体育品德培养效果如何？为了保证访谈效果更加有效，笔者从体育教学过程出发，对高中专项化体育课程体育品德培养的实效性进行了访谈，围绕"专项化体育课程体育品德培养价值认同""体育品德目标制定有效性""体育品德教学内容有效性""体育品德教学方法渗透有效性""体育品德评价可操作性"5个方面进行了一定引导。②您认为，影响专项化体育课程体育品德培养效果的因素有哪些？其次，整理访谈资料形成 Word 文档，将访谈录音内容整理到 NVivo 软件中，对专项化体育课程体育品德的培养效果和影响因素进行编码和分析，理论建构专项化体育课程体育品德培养的影响因素与机理。访谈时间为2018年5月1日至6月5日，每名受访者接受访谈的时间约为35 min。

数据整理与分析，主要借助 NVivo 质性分析软件，采用数据编码和归类的方法，对资料进行分析和整理。用扎根理论编码的方法，对访谈文本资料按照初始编码、聚焦编码、轴心编码和理论编码的顺序进行逐级编码。专项化体育课程体育品德培养效果测定，主要通过 NVivo 分析软件中的情感识别功能，对访谈稿进行内容分析。具体步骤如下。

（1）开放式编码

开放式编码，是通过对访谈资料中的每个实词或句子进行标准化命名，然后对初始编码后的文本资料进行词频分析，形成初始代码表，逐步上升为范畴的过程。进行概念范畴化时，仅仅保留出现频次在 3 次以上的概念。

（2）主轴式编码

主轴式编码的主要任务是发现和建立概念之间的各种关系，以表现资料中各个部分之间的有机关联。在初始编码和词频分析的基础上，结合研究主题和访谈数据，对重要的或出现频繁的初始代码进行筛选，找出能充分代表访谈资料的代码。对初始代码进行筛选后，通过开放式编码得到相关概念范畴，根据其内在联系进一步归类，并形成独立的类属，最后在 NVivo 12 分析软件中将这些代码标记为自由节点（图 1-2）。

图 1-2 专项体育课程德育培养影响因素的节点系统图

（3）选择性编码

选择性编码在主轴式编码所发现的范畴中，经过系统分析，选择一个"核心范畴"，然后通过识别统领最大多数类别的"核心类别"，开发出"故事线"[①]。本研究在厘清这些范畴逻辑关系的基础上，基于对主范畴及其关联的范畴进行深入挖掘，并结合原始材料的内容，以"知—情—意—行"为分析路径，将"体育品德形成机理"确定为核心范畴。

编码的信度检验常用同意度百分比与 K 系数（Kappa Coefficient）作为信度分析的方法。同意度百分比的公式为：同意度百分比（信度）=相互同意的编码

---

① 李志刚，李兴旺. 蒙牛公司快速成长模式及其影响因素研究——扎根理论研究方法的运用[J]. 管理科学，2006（3）：2-7.

数量/（相互同意的编码数量+相互不同意的编码数量）。二位研究者间的信度最好高于 70%[①]。笔者邀请另一位博士（熟悉 NVivo 软件、编码程序与体育品德访谈内容）对访谈资料，按照笔者建立的节点系统进行重新编码，计算两者间的同意度百分比。结果显示，相互同意的编码数量为 231 个，相互不同意的编码数量为 36 个。按照公式计算可知，同意度百分比=231/（231+36）×100%=86.5%，高于 70%，说明编码信度较好。在效度方面，以笔者与访谈对象建立良好关系为前提，访谈前填写《访谈保密承诺书》，在生活中不断加深友谊以提高访谈质量。具体方法有两种：其一是采用证伪法，即当访谈资料出现前后不一致的地方时，对访谈资料中所涉及的观念、想法进行技巧性追问，或者通过寻找权威（如该领域专家、体育组长）的方式对事实本身进行再一次核实与比对，确保访谈资料的有效性、科学性；其二是在研究后期采用参与者检验法进行验证。参与者检验法是指研究者将研究所得出的研究结果，反馈给参与研究的被研究者，根据他们的反应和意见对研究结果进行相应的修改[②]。在研究过程中，根据专项教师体育品德访谈内容，与专项化学生进行有效沟通，并进行相应的修改，确保访谈资料的有效性。

1.5.7 数理统计法

针对上海市高中专项化体育课程改革对学生体能、技能、身体活动水平改变、体育学习兴趣培养的影响，以及改革存在的问题分析，运用 SPSS 22.0、AMOS 18.0 和 Excel 对调查问卷数据进行处理，主要方法有描述性统计、成组资料 T 检验、回归分析、卡方检验、结构方程模型。经统计，样本符合正态分布。采用独立样本 T 检验对专项化和非专项化学生体质健康测试成绩、运动技能等级三级达成情况、学生课堂身体活动水平、学生体育兴趣达成情况进行分析；运用回归方程对学生身体活动水平影响因素进行分析；运用卡方检验对学生身体活动周频次、身体活动形式、身体活动意向进行分析；运用结构方程模型对专项化体育课程改革对学生身体活动行为的影响路径进行分析。

[①] 郭玉霞，刘世闵，王为国，等. 质性研究资料分析：NVivo 8 活用宝典[M]. 台北：高等教育文化事业有限公司，2009：68.

[②] 陈向明. 质的研究方法与社会科学研究[M]. 北京：教育科学出版社，2000：107.

2

文 献 综 述

    专项化体育课程历史悠久,这类体育课最早可追溯于20世纪60年代我国高等学校广泛开展的单项运动体育课,主要针对达到"劳卫制"二级标准的学生,以满足他们对竞技运动的爱好,发挥他们的运动才能[①]。20世纪80—90年代,国内广泛兴起专项选修体育课,在当时的《中国学校体育》杂志中产生过广泛讨论和争鸣。2013年,上海市教委决定在高中体育教学中以学生兴趣和技能水平为依据,实施"走班制"的高中专项化体育课程改革[②],专项化体育课程再次进入人们的视野,并引起热议。虽然专项化体育课程在实践中已发挥多年的作用,但一直缺乏系统性研究,围绕其概念体系、"必要性"与"可行性"、如何做到理论与实践有效契合等方面的探讨仍然有待深入。本研究通过回顾和梳理专项化体育课程与教学的研究成果,总结以往研究取得的成绩与不足,以期为人们全面认识专项化体育课程,继续进行专项化体育课程与教学方面的研究提供有益的启示。

2.1 国内专项化体育课程与教学的研究

    体育教学是一种具体的施教活动,是体育课程设计方案的具体实施和体现。在传统体育教学理论占据主导的背景下,前期关于专项化体育课程的研究相对薄弱,主要在专项化体育课程教学的场域中进行。直到2013年,随着上海市高

---

① 苏竞存. 我国学校体育思想四十年的曲折发展[J]. 体育文史,1989(4):4-7,15.
② 佚名. 关于开展"高中体育专项化"教学改革试点工作的通知[EB/OL].(2012-12-07)[2022-09-11]. https://edu.sh.gov.cn/xxgk2_zdgz_qtjy_01/20201015/v2-0015-gw_415082012007.html.

中专项化体育课程改革的提出，专项化体育课程开始以课程的形式见诸文献。为此，本研究采用主题词搜索法，附加苏竞存、林笑峰、赖天德等知名学校体育专家搜索法的方式，对专项化体育课程与教学相关文献进行数理统计和逻辑分析，涉及的时间段为1978年1月1日至2018年4月20日。首先，以CNKI高级检索程序为检索工具，通过搜索"专项体育课""专项选修""选项体育课"等主题词（由于专项选修体育课是建立在选项基础上的，所以本研究将"选项体育课"也纳入检索范围），将支持基金、作者及作者单位设置为"模糊"，对CNKI数据库进行检索，获得符合标准的文献859篇，在此基础上阅读筛选后得到相关文献197篇。之后，进一步查阅了以上学校体育专家的专著和教材进行阅读补充，具体筛选过程如图2-1所示。

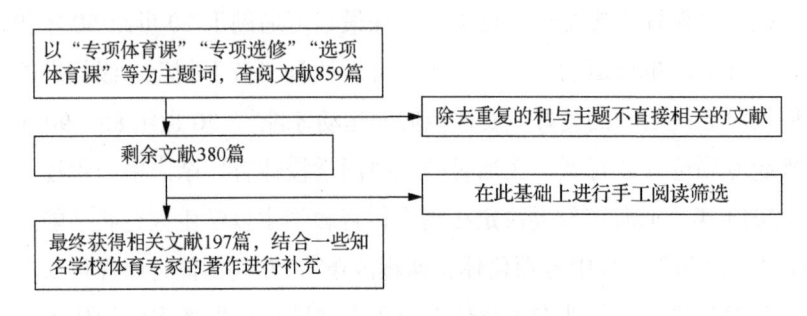

图2-1 文献筛选过程

2.1.1 国内专项化体育课程与教学的研究现状

2.1.1.1 研究成果的数量及年代分布分析

有关专项化体育课程与教学研究文献，最早可追溯于傅承知和李习友[①]撰写的《试论高等学校开设专项体育课的必要性和必然性》一文。该文发表于1982年，充分肯定了专项化体育课程的价值，认为学生在大一普遍抓好普通体育课的基础上，大二开设专项化体育课程是切实可行的。本研究以两年为一个统计单位，对专项化体育课程与教学文献进行系统梳理，绘制出专项化体育课程与教学发表文献年代分布图（图2-2）。

---

① 傅承知，李习友. 试论高等学校开设专项体育课的必要性和必然性[J]. 江苏体育科技，1982（1）：23-25.

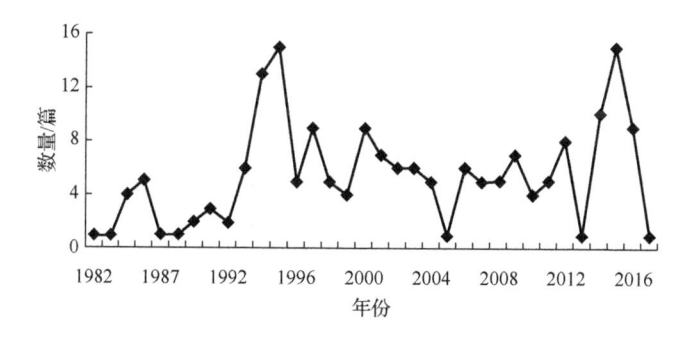

图 2-2　专项化体育课程与教学发表文献年代分布图

由图 2-2 可知，专项化体育课程与教学研究呈现出稳定发展趋势，在 20 世纪 90 年代和 2013 年之后出现两个高峰点。20 世纪 90 年代，专项选修体育课研究进入一个雨后春笋般的涌现期，学界围绕专项选修体育课的"必要性"和"可行性"进行过一系列的讨论与争鸣，众多专家认为专项选修体育课克服了传统体育课的教材呆板、固化弊端，能够有效激发学生学习兴趣，是一种有意义的尝试。在相关文献中，孙耀鹏[①]于 1994 年撰写的《体育兴趣的培养与体育课教学改革——为"专项课"立论》一文中引用频次最多，截至 2024 年 5 月 15 日达 69 次，下载 1466 次，可谓前期代表性之作。2013 年之后，伴随着上海市高中专项化体育课程改革的实施，专项化体育课程与教学再一次出现新的研究热潮。据统计，近 3 年发表的文献数量达到 60 余篇。上海市高中专项化体育课程改革受到了教育部及多家权威媒体的关注，《中国教育报》《解放日报》《文汇报》《上海教育》等报刊纷纷进行了报道。

2.1.1.2　研究成果的发表源分布分析

为了便于比较与分析，笔者将参阅的文献分为期刊论文、学位论文、会议论文三大类，期刊论文又分为核心期刊论文和非核心期刊论文（表 2-1）。

表 2-1　专项化体育课程与教学研究文献类别

文献类别		数量/篇	比例/%
期刊论文	核心论文	32	16.2
	非核心论文	95	48.2
学位论文		58	29.5
会议论文		12	6.1

---

① 孙耀鹏. 体育兴趣的培养与体育课教学改革——为"专项课"立论[J]. 北京体育大学学报，1994（2）：69-75.

由表 2-1 可知，发表在期刊上的论文共 127 篇，其中核心期刊论文 32 篇，占 16.2%。可见，发表在体育类核心期刊上的论文数量不多，整体研究质量有待提高。学位论文 58 篇，占 29.5%，博士论文暂且没有；会议论文 12 篇，占 6.1%，学术会议是学校体育研究者集中交流的平台，研究报道代表选题的热点，可以视为专项体育课程与教学引起学术界广泛关注的标志。据统计，在 2017 年杭州市举行的第 13 届全国学生运动会科学论文报告会中，关于"上海市高中专项化"主题的报告文献就有 4 篇。总体而言，虽然专项化体育课程与教学引起了众多学者关注，但整体研究水平有待提高，高质量的跟踪性研究缺乏。

2.1.1.3 研究成果的类别分析

调查研究、实验研究、文献研究、实地研究是社会学研究的 4 种主要研究方式。调查研究主要通过自填式问卷或者结构式访问的方法进行；实验研究注重实验条件的控制，通过操纵某些因素来研究变量之间的关系；文献研究不接触研究对象，主要利用二手资料进行，可以是定性的，也可以是定量的；实地研究主要以参与观察、个案研究的形式进行。

由表 2-2 可知，专项化体育课程与教学研究成果类别以文献研究居多，占 78.7%；调查研究占 10.2%；实验研究的数量较少，占 8.6%，整体研究质量有待提高；实地研究作为教育类研究的一种重要研究形式，仅占 2.5%。文献研究居多，实地研究较少。究其原因，可能是文献研究比较好写，实地研究难以实施与操作。同时也折射出整体研究深度有待提高，实地研究是专项化体育课程与教学研究走向纵深发展的重要标志。因此，就专项化体育课程与教学研究的成果类别分析情况来看，我国专项化体育课程与教学研究尚处于初、中级阶段，距离高级阶段尚有一定距离。

表 2-2 专项化体育课程与教学研究成果类别分析

选题类别	文献研究	实验研究	调查研究	实地研究
数量/篇	155	17	20	5
比例/%	78.7	8.6	10.2	2.5

2.1.1.4 研究对象和研究者的工作单位分析

本研究所指的研究对象主要指专项化体育课程教学的学段分布。为便于比较和分析，笔者将所查阅文献的研究对象分为小学及其他（"其他"指未标明具体的研究对象，只是进行泛泛分析的文献）、初中、高中、高校 4 个学段。研究人员工作单位也按照以上 4 个学段进行统计（学位论文作者的工作单位均按照"高校"层次统计）。

如图 2-3 所示，专项化体育课程与教学研究对象主要集中在高校和高中，其中高中专项化体育课程教学改革研究居多，占 52.3%。通过统计文献中作者的数量分布可知，研究人员主要由大学体育教师或在校研究生组成，达到 63.5%；中小学体育教师完成的较少，仅占 11.2%。出现这种现象的原因可能是中小学体育教师的专业理论素养欠缺。可以看出，高校教师、在校研究生是专项化体育课程与教学研究的主力军。工作单位一定程度上反映了研究人员的科研水平，但专项化体育课程与教学研究需要中小学体育教师的广泛参与，毕竟中小学体育教师是工作在第一线的教学实践者。

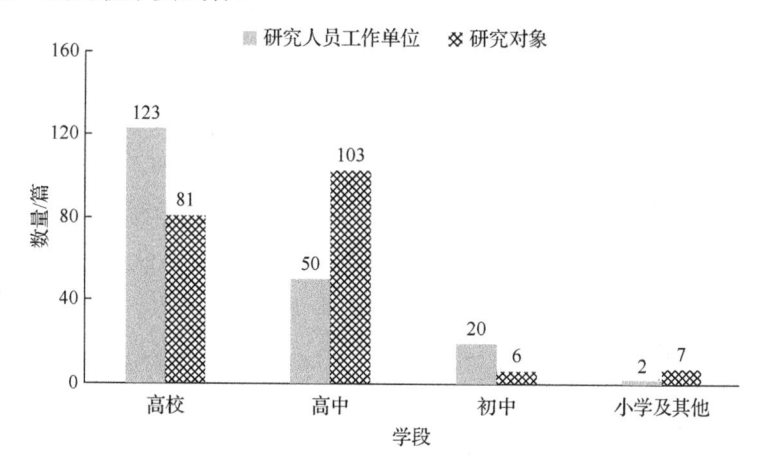

图 2-3 专项化体育课程与教学研究对象和研究人员工作单位分布

2.1.1.5 专项化体育课程研究的主题分析

（1）专项化体育课程概念界定

概念是事物研究的逻辑起点，如何界定"专项化体育课程"是本研究首先要解决的问题。体育课程是课程的下位概念，是学校课程的组成部分。"体育课程"一词虽然在 1984 年已见诸相关文献，但对其进行概念上的界定，始于《现代教学论与体育教学》一书。关于体育课程的概念、内涵一直众说纷纭，有"一育说"[①]、

---

① 吴志超，刘绍曾，曲宗湖. 现代教学论与体育教学[M]. 北京：人民体育出版社，1993：312.

"学科说"[1]、"活动实践说"[2]、"综合课程说"[3]、"计划和方案说"[4]等,缺乏统一的界定。但对体育课程的含义可以作这样的理解,体育课程是为实现学校体育目标而规定的体育学习经验体系及其结构与进程,是增强学生体质、培养学生体育能力和为学生终身健身打基础的重要途径,是学校体育改革的中心环节[5]。

早期关于专项化体育课程概念界定的研究相对薄弱,主要在专项化体育课程教学的场域中进行。专项体育课的概念一直与选项体育课等相似术语的概念纠缠不清。有学者将专项化体育课程等同于终身体育教育。例如,何祖新等[6]撰写的《普通大学生终身体育教育实验研究》一文中将专项化体育课程的实验直接等同于终身体育教育实验,有失偏颇。查阅文献可知,早期的专项运动体育课实为专项竞技课,为培养竞技体育后备人才服务。顾渊彦[7]认为高校中的专项提高课和专项选修课,以及高中阶段的体育选修课尽管是为了娱乐和健身,但绝不能将其排除在竞技事业外。任海[8]则认为我国学术领域长期以来对"精英运动""竞技运动"存在概念错位,使得竞技运动失去进入学校体育的依据。综上所述,专项化体育课程不是精英体育课程,但竞技仍然是专项化体育课程的重要组成部分。新时期,随着上海市高中专项化体育课程改革的提出,众多专家、学者认为专项化体育课程的核心为教育教学,重在发挥体育教育在促进学生全面发展中的作用。例如,李世宏[9]认为新时期的上海市高中专项化体育教学,既不是培养运动员的"体育专项化"教学,也不是"专项化"的体育教学,"体育专项化"教学概念的核心应是"教学"。可见,学界对专项化体育课程的认知随着时代变迁不断发生变化,但对专项化体育课程的概念尚未达成明确共识。

虽然专项化体育课程的呈现形态随着时代变迁不断变化,定义尚存在分歧,但专项化体育课程的基本内涵特征可以初步总结为以下三点。①以运动项目为抓

---

[1] 王占春. 从现行体育教学大纲看我国学校体育课程建设[J]. 体育学刊, 2001, 8 (6): 1-3, 11.
[2] 潘绍伟. 学校体育学[M]. 北京: 高等教育出版社, 2005: 36.
[3] 耿培新. 论学校体育的功能及其本质属性[J]. 课程·教材·教法, 1992 (6): 32-35.
[4] 张学忠. 学校体育教学论[M]. 北京: 人民体育出版社, 2002: 80.
[5] 周登嵩. 学校体育学[M]. 北京: 人民体育出版社, 2004: 89.
[6] 何祖新, 张成云, 付道华, 等. 普通大学生终身体育教育实验研究[J]. 体育科学, 1998, 18 (3): 32-34.
[7] 顾渊彦. 体育课程的理论与实践[M]. 南京: 南京师范大学出版社, 2014: 167.
[8] 任海. 身体素养: 一个统领当代体育改革与发展的理念[J]. 体育科学, 2018, 38 (3): 3-11.
[9] 李世宏. 高中体育专项化教学改革的必要性及面临的问题与实施策略[J]. 体育学刊, 2016, 23 (1): 121-126.

手，进行长期教学与训练。庄弼和李德锐[①]认为"专项"是根据学校具体条件与学生兴趣相结合来确定的，每一学年为一项目教学时间，学生按学校条件选择自己的兴趣项目。②以学生兴趣为主导。学生选择自己喜爱的运动项目，并进行长期的学习，从而形成终身体育的意识和习惯，这是专项化体育课程教学的主要目的。③以运动技能教学为主体。根据张洪潭[②]的《技术健身教学论》，专项化体育课程主要以运动技术为中介，达到强化体质的效果。因此，专项化体育课程属于学科类体育课程，以传授知识和技能为主。

专项化体育课程外延称谓多样化，包括专项选修、专项必修、专项侧重课、专项提高课等，存在"一主多副""一主多选""1+1+1""选项走班制教学""两课一换、两周一循环""三自主"等多种课型。20世纪八九十年代，上海市敬业中学、河南省开封高级中学、长春市实验中学等多所学校开展过专项选修体育课教学实验。我国长期以来形成的传统项目学校、现在广泛开展的"一校一品"等均可归为专项体育课程之列。对于专项选修体育课与选项课之间的关系，二者虽然在操作层面上有相似之处，但是概念不能混淆。顾渊彦[③]认为专项选修体育课是建立在学生选项基础上的，"课程标准"将高中体育与健康课程内容划分为必修和选修两部分，是对课程教材内容的划分。如果把高中开设选项教学理解为开设体育选修课，则不妥。这在一定程度上对专项选修和选项体育课的关系进行了合理的阐释。

综上所述，在考察体育课程、专项化体育课程的概念后，结合《普通高中体育与健康课程标准（2017年版）》中的精神，对"专项化体育课程"做出如下界定：专项体育课程是以"健康第一，立德树人"为指导思想，以运动技能教学为主体，围绕某一特定运动项目进行长期的学习与训练，从而为终身体育发展奠定基础的课程[④⑤]。其主要目标是帮助学生掌握运动技能。

（2）专项化体育课程必要性探讨

任何一项课程教学改革，我们都要看它对学生产生多大教育作用、具有多大意义，只有具备一定的理论价值和实践意义，此项改革才是社会需要的改革。

[①] 庄弼，李德锐. 关于高中体育课型改革的研究——高中体育选项课可行性的实验研究[J]. 广州体育学院学报，1989（1）：52-59.

[②] 张洪潭. 技术健身教学论[M]. 上海：华东师范大学出版社，2000：27.

[③] 顾渊彦. 体育课程的理论与实践[M]. 南京：南京师范大学出版社，2014：167.

[④] 孙耀鹏. 体育兴趣的培养与体育课教学改革——为"专项课"立论[J]. 北京体育大学学报，1994（2）：69-75.

[⑤] 彭小伟，毛振明. "专项体育课"的发展过程与学理依据[J]. 体育学刊，2016，23（4）：1-5.

① 理论层面。早在 1994 年，孙耀鹏[①]首次提出以"专项兴趣"为核心的教学目标，并主张在大中小学全面开设专项体育课。黄荣和卢福[②]在《谈谈中学体育教学中专项选修的必要性》一文中指出，学生在普通体育课有限的时间内难以学会足够的运动项目，而专项选修体育课以学生为主体，解决了高年级学生喜欢体育、不喜欢体育课的问题。教育部相关领导认为，根据当前学校体育的形势，专项体育课教学的改革可以用两句话来概括，一是学生接受 14 年的体育教育，运动技能缺乏问题倒逼此次改革；二是党的十八届三中全会确定的"身心健康，体魄强健"总目标引领我们加快改革行动。彭小伟和毛振明[③]提出专项体育课是落实国家"三位一体"目标的重要突破口，认为深入地学习某项运动技能会发生"迁移"效应，帮助学生日后学习更多的运动项目。然而也有学者提出了不同的意见。例如，岳宝锋和王开文[④]认为世界上很难找到一个项目可以供人们终身锻炼，专项体育课仅仅满足于使学生产生专项兴趣，不足以使学生对其他体育项目乃至整个体育产生浓厚兴趣。

② 实践层面。多所学校对专项选修体育课进行过实验研究，但实验结果并未呈现一致性。早在 1982 年，上海市敬业中学就根据当时高中体育教学大纲的要求，除要求学生认真完成大纲中的身体素质训练外，还开设篮球、排球、游泳、艺术体操 4 门专项选修课程。实验证明，学生的身体形态、身体素质方面的改善值比对照班明显提高。1983 年，河南省开封高级中学对二年级 8 个班进行了 1 年的专项选修课实验，跟踪调查结果表明，实验前后，男女生 18 项体质测试指标中有 14 项超过河南乃至全国水平，并在 1985 年开始三年一贯制专项体育课教学。高凤山和殷红[⑤]实验研究证明，专项体育课对学生的生长发育、体质增强、技术提高、个性发展、心理健康和终身锻炼等具有积极意义。总之，众多研究指出，有条件的学校开设专项化体育课程，是具有重要现实意义的。然而也有学者提出了不同的意见。例如，洪国武和罗凤鸣[⑥]通过对安徽农学院 1985 级、1986 级学生两年追踪调查，发现专项体育课对学生体质增强方面的改变不明显，

[①] 孙耀鹏. 体育兴趣的培养与体育课教学改革——为"专项课"立论[J]. 北京体育大学学报，1994（2）：69-75.
[②] 黄荣，卢福. 谈谈中学体育教学中专项选修的必要性[J]. 体育教学与训练，1989（1）：19.
[③] 彭小伟，毛振明. "专项体育课"的发展过程与学理依据[J]. 体育学刊，2016，23（4）：1-5.
[④] 岳宝锋，王开文. 也谈体育兴趣的培养与教学改革——与孙耀鹏老师商榷[J]. 中国学校体育，1994（1）：70-71.
[⑤] 高凤山，殷红. 关于开设专项体育课科学性与可行性的思考[J]. 中国学校体育，1994（2）：68-69.
[⑥] 洪国武，罗凤鸣. 探讨改革体育课教学的方向——对安徽农学院开设专项课前后两年的追踪调查分析[J]. 安徽体育科技，1988（1）：56-63.

二年级学生的身体素质反而略低于一年级学生的身体素质,并认为专项技术教学的身体活动量有限,占用教学时间较多是学生体质下降的主要原因,此观点在当年的全国体育科学大会中引起学界的广泛关注。

综上所述,从文献数量来看,大部分研究对专项化体育课程持赞同态度,认为专项体育课克服了教材单一、统得过死的缺陷,充分发挥了教师的专长,激发了学生学习兴趣,有利于学生终身体育锻炼习惯的形成。但这些研究并未达成一致意见,争论的焦点主要围绕"专项化体育课程是否会影响学生的身体全面发展"。持积极态度的认为,专项化体育课程无论是对于学生运动技能的形成,还是终身体育意识的培养均具有重要价值;持消极态度的认为,专项化体育课程并未提高学生身体素质。可见,在专项化体育课程"该"与"不该"开设方面并未达成一致意见。专项化体育课程教学效果到底如何,还需要科学实验及严谨的调查结果作为支撑。

（3）专项化体育课程与教学实施可行性探讨

在所参阅的文献中,围绕专项化体育课程与教学实施可行性的探讨主要集中在理论基础、政策依据、开设条件3个方面。理论基础是专项化体育课程开设的前提和保障,专项化体育课程源于西登托普（Siedentop）提出的"竞技体育教学模式",这种教学模式强调花费较长的时间集中教授某一竞技运动项目。布鲁纳（Bruner）对兴趣与学习重要性的阐释是选项教学的理论基点。邵斌等[1]认为人本主义理论、动机激发理论、动作技能形成原理、组织方式创新理论是开设专项化体育课程的理论基础。高凤山和殷红[2]认为专项体育课实现了教学目标、内容、场地器材等教学过程性要素的最优化组合,体现了巴班斯基的教学过程最优化教育思想。毛振明[3]依据"增强课程的实用性,为终身体育打基础"的原则,将教材划分为"精教类""简教类""介绍体验类""锻炼类"4种类型,提出"精教类"教材应采取大周期循环、大单元教学的方式进行编排,奠定了普通体育课向专项体育课演进的基础。总之,专项化体育课程致力于从培养学生兴趣入手,激发学生参加体育运动的内生动力,具备了丰厚的理论基础。

在政策依据方面,民国时期便有专项选修体育课的历史记载。中华人民共和国成立后,1987年国家教育委员会颁发《全日制小学体育教学大纲》《全日制中

---

[1] 邵斌,顾红,柏慧敏,等.大学公共体育专业化教学改革理论与实践[M].上海:上海大学出版社,2015:208.
[2] 高凤山,殷红.关于开设专项体育课科学性与可行性的思考[J].中国学校体育,1994（2）:68-69.
[3] 毛振明.近阶段中国体育教学理论研究的若干成果和建树[J].北京体育大学学报,2004,27（2）:233-235.

学体育教学大纲》，1996年颁发《全日制普通高级中学体育教学大纲（供试验用）》均将选修体育课列入其中，且比重不断增加。直到2014年，教育部提出的"1+X"体育教学改革模式，确立了专项化体育课程的法定地位。其实，在高中阶段开设专项体育选修课已成为世界上很多国家的共同趋势，如以美国为代表的学分制选修课、以苏联为代表的任意选修课和以日本为代表的指定选修课等。我国早期开设的专项选修体育课，如上海市于1981年在敬业中学和恒丰中学两所学校开设的指定选修课，是在充分学习了日本的经验，并结合本校实际的基础上开设的。指定选修课主要是指在规定的体育课程中，按一定时数比重，让学生在规定的项目中选择一至几项学习，这是一种有限制的选修课程。

对于专项化体育课程的开设条件，洪国武和罗凤鸣[1]认为专项化体育课程开设应在学生具有一定专项技术的基础上，如果学生不具备一定的专项能力，身体素质得不到提高，就失去了专项化体育课程的意义。何祖新等[2]认为专项化体育课程的开设必须考虑师资力量、场地条件及课程表的安排等因素，有条件的学校开设专项化体育课程，对于增强学生体质，提高学生运动素质，帮助学生掌握一两项运动技术有显著的效果。总之，众多专家、学者认为，有条件的学校开设专项化体育课程是有意义的，但对于教学条件较差的学校如何开足、开好专项化体育课程仍然值得深入探讨。

（4）专项化体育课程的教学目标研究

教学目标是体育教学努力的方向和预期的成果。1985年，《中国学校体育》杂志在回复武汉市钢铁公司第三子弟中学开展高中体育选修课实验的复信中明确指出，专项化体育课程的教学目标是在保证基本教材基础上，以"终身体育思想"为指导，培养学生终身体育习惯和能力。姚明认为专项化体育课程的教学目标是在促使学生掌握"教学大纲"要求的基本技能的同时，可以使学生至少掌握一种专项技能，了解专业术语、裁判知识，进而理解项目的文化内涵[3]。时立新[4]认为专项体育课不是培养高水平运动员的，它只是有利于专项技术水平提高的一

---

[1] 洪国武，罗凤鸣. 探讨改革体育课教学的方向——对安徽农学院开设专项课前后两年的追踪调查分析[J]. 安徽体育科技，1988（1）：56-63.
[2] 何祖新，张成云，付道华，等. 普通大学生终身体育教育实验研究[J]. 体育科学，1998（3）：32-34.
[3] 王鹤，许蓓，廖靖文，等. 姚明：建议推广专项体育课 去年提案"赶上了"[EB/OL]. （2015-03-09）[2022-12-20]. http://news.sohu.com/20150309/n409498607.shtml.
[4] 时立新. 从实际出发、积极推广专项体育课[J]. 中国学校体育，1994（2）：72.

种教学形式。1994年，孙耀鹏首次提出以培养"专项兴趣"为核心的教学目标，认为学生动作技能水平越高，练习兴趣越强。然而司云等[1]认为专项化体育课程以专项体育兴趣为培养目标毋庸置疑，但最终要转移到体育活动的兴趣上来，并提出提高学生的专项技术水平、促进学生的思想品德发展、培养学生的终身体育意识是专项体育课的三维目标，这在当时是具有前瞻性的。

我国早期的专项选修体育课类似日本的"选择制"教学，"选择制"教学充分考虑学生的差异，通过分类教学促进学生自发学习[2]。总体而言，关于专项体育课教学目标独立性的研究较少，目标定位泛化。比较普遍的看法是，学生根据自己的兴趣和运动能力选择体育专项，并在一个项目上进行持续学习和巩固，从而形成一种终身体育的意识和习惯，但在如何兼顾体能及专项德育价值培养方面尚未达成共识。毛泽东[3]1917年在《体育之研究》一文中提出的"欲图体育之有效，非动其主观，促其对于体育之自觉不可"的深刻含义和认识，深刻体现了培养学生体育兴趣、爱好的重要意义。

（5）专项化体育课程教学的开设学段及授课时间探究

如何根据儿童青少年生长发育的阶段性特征，在不同学段设定合理的体育教学目标一直是学界探究的难题。傅承知和李习友[4]、叶书林[5]提出在高等学校二年级开设专项化体育课程。然而，顾渊彦[6]、季浏[7]均提出，高中阶段更加关注提高技能，形成稳定的爱好和专长已成为高中体育课程目标的特色。时立新[8]、司云等[9]也认为初中、小学阶段是为学生打基础阶段，不宜过早开设专项化体育课程。洪国武和罗凤鸣[10]早期认为只有在学生具备了一定技术基础之后，才能在大学开设专项化体育课程，建议一年级仍然开展以《国家体育锻炼标准》为主的普通体育

---

[1] 司云，苏连勇，贺建国. 应当科学地认识和对待专项体育课[J]. 中国学校体育，1994（5）：65-66.
[2] 永岛惇正，齐麟. 日本体育教学的学生选择制[J]. 中国学校体育，1990（5）：67-68.
[3] 毛泽东. 体育之研究[J]. 新青年，1917（2）：6.
[4] 傅承知，李习友. 试论高等学校开设专项体育课的必要性和必然性[J]. 江苏体育科技，1982，1（6）：23-25.
[5] 叶书林. 高校普通体育专项课之我见[J]. 赣南师范学院学报，1989（S2）：108-111.
[6] 顾渊彦. 体育课程的理论与实践[M]. 南京：南京师范大学出版社，2014：59.
[7] 季浏. 体育锻炼与心理健康[M]. 上海：华东师范大学出版社，2006：146-147.
[8] 时立新. 从实际出发、积极推广专项体育课[J]. 中国学校体育，1994（2）：72.
[9] 同①.
[10] 洪国武，罗凤鸣. 探讨改革体育课教学的方向——对安徽农学院开设专项课前后两年的追踪调查分析[J]. 安徽体育科技，1988（1）：56-63.

课。何永刚[1]指出，小学阶段是全面接受运动知识技能的最佳时期，不宜开设专项选修课；初中选择专项选修课应有趋向性；高中应积极全面实施专项选修体育课。孙耀鹏[2]认为专项体育课开设越早越有利于学生的全面发展，中小学应以专项体育课为主，大学可继续开设专项体育课，或以普通体育课为主。山东省人民政府办公厅在《山东省加快发展体育产业实施意见》中，明确提出进行体育专项化教学改革的要求。总之，大部分研究认为高中阶段开展专项化体育课程体现了高中学生生理、心理发展的特点，遵循了体育与健康课程标准的要求，但在初中、小学阶段是否适宜开设专项化体育课程尚未达成一致意见。

授课时间方面，张洪潭[3]指出，45 min 的体育课所反映的教学效率的时间比值显然偏小，并提出 90 min 大体育课的理想设计。目前，上海市施行的高中专项化体育课程改革是以 80 min 为主，但与之前 40 min 相比教学效果如何，仍然有待科学验证。前期调研发现，学生普遍存在练习一段时间之后体能下降的问题。因此，如何根据项目特征设定合理的教学时间，或者说，针对不同的教学内容，多少时间的教学更加有效，仍然需要深入探究。

（6）专项化体育课程教学组织形式探究

围绕专项化体育课程教学组织形式的讨论主要集中在组班形式、课堂人数要求、分层教学情况等方面。庄弼和李德锐[4]认为选项形式存在"年级选项课""班级选项课""小组选项课" 3 种，并指出，无论选择何种形式均是各有利弊的，应根据学校实际情况而定。新时期"走班制"教学充分符合了专项化体育课程教学的特点，更加注重学生特长发展，提高了学生自主管理能力。对于专项化体育课程人数要求，傅求万[5]认为专项化体育课程人数应该控制在 25 人左右。2019 年，上海市高中专项体育课班级人数基本控制在 25 人左右。

此外，面对运动技术水平高的学生"吃不饱"、技术差的学生"吃不了"的现象，众多学者建议进行分层教学。赵秀健[6]提出，选项形式包括原班集体选项、打乱原班级、同年级学生分项按技术水平编班等形式。其中，参考学生兴趣爱好，

---

[1] 何永刚. 浅谈专项选修体育课的适用性[J]. 体育教学，2001（6）：36-37.
[2] 孙耀鹏. 体育兴趣的培养与体育课教学改革——为"专项课"立论[J]. 北京体育大学学报，1994（2）：69-75.
[3] 张洪潭. 技术健身教学论[M]. 上海：华东师范大学出版社，2000：27.
[4] 庄弼，李德锐. 关于高中体育课型改革的研究——高中体育选项课可行性的实验研究[J]. 广州体育学院学报，1989（1）：52-59.
[5] 傅求万. 普通高校体育专项课初探[J]. 赣南师范学院学报，1985（S2）：98-102.
[6] 赵秀健. 谈大学体育专项课的编班[J]. 体育学通讯，1991（1）：15-17.

根据学生技术素质水平情况进行分组编班，更有利于学生的个性发展。从理论上而言，分层教学能够保障每个人都拥有体育教育机会，有利于尊重学生的主体差异。但分层教学也有缺点，如不利于培养学生团结协作精神，容易导致学生产生自满自卑心理等。总之，分层教学在具体实践中效果如何，是班内还是班级之间分层教学更加有效，还缺乏系统的研究，需采用更多实证性研究作为支撑方能得出科学的结论。

2.1.2 国内专项化体育课程与教学研究的特征及问题

上述研究为我国专项化体育课程与教学的发展提供了有益的指导和借鉴，也为专项化体育课程研究奠定了一定的理论基础。然而，从总体研究状况来看，目前研究还存在多方面的不足。

2.1.2.1 表层问题研究较多，纵深性研究欠缺

学术研究均始于问题。仔细审视有关专项化体育课程与教学的研究，基本上停留于两种取向，即"以阐述专项化体育课程基本理论问题"为主的理论取向和"以调查某个学校专项化体育课程开展现状及对策研究"的实践取向。无论哪种取向的研究，均停留于提出问题或者宏观表层问题研究阶段，对于一些亟待进一步深化研究的问题，如何处理好专项化体育课程教学中运动技能形成规律与增强体质的规律关系问题，国内虽然讨论已久，但在教学实践中一直缺乏有效的解决方案。已有研究证明，运动技术学习的过程反而是身体活动水平降低的过程，专项化体育课程作为以运动技术教学为主体的课程，课堂身体活动水平势必较低，如何在专项体育课教学中达到"大密度、中高强度"的身体活动水平，仍然需要深入探索。此外，如何改善专项体育课中学生兴趣转移问题、80 min 与 40 min 的课堂相比如何上得更加有效益等问题仍需要深入探索。

产生以上现象的原因可归结于 3 个方面：其一，实证性研究欠缺。从表 2-2 中可以看出，目前发表的专项化体育课程与教学文章以定性理论描述研究居多，虽然个别学校进行过实验探索，但实验方法的严谨性值得商议。其二，研究人群单一。从图 2-3 中可以看出，上海市高中专项化体育课程改革研究人员组成，以高校体育教师或者在读研究生居多。他们虽然具备一定研究经历，但基础教育课程改革经验欠缺，而工作在第一线的高中专项化体育教师是最具发言权的实践者，由于此类研究人员的理论素养欠缺，整体研究质量大打折扣。其三，近些年学校

体育研究整体薄弱，深度研究缺乏。学校体育研究虽然是一个普遍关注的领域，但是远离了教学实践的日常性和复杂性，难以有效解决教学实践中的具体问题。何秋鸿[1]借助CiteSpaceⅢ软件，对2000—2014年CNKI数据库收录的4795篇体育教育研究核心期刊论文进行可视化分析发现，我国近些年体育教育研究的热点与前沿主要集中在体育教育思想、体育教学理论、高校体育教育、体育课程改革、体育教育专业研究等方面，对于如何提高体育课堂质量、有效改善体育教学等方面的研究明显缺失。

2.1.2.2 描述性研究居多，实地性研究缺乏

学校体育的研究不能脱离学校体育实践，否则会成为空中楼阁。由于专项化体育课程与教学研究问题不深入，前期研究成果主要停留在理论层面描述或者简单的实验对比，以解决实践问题为主，聚焦某一问题的实地性研究少之又少。通过查阅专项体育课文献，几乎没有查阅到采用质性研究或者扎根于课堂观察的行动研究的文章[2]。实际上，不同学校间专项化体育课程教学差别很大，在探寻普适性的基础上，采用质性研究或者行动研究进行深入分析可能更加有意义。例如，上海市正在实行的高中专项化体育课程改革中，专项体育教师对课程改革的忠诚度、专项体育课对学生心理层面的影响等问题，更需要研究者采用通过观察和询问去感受、感悟研究对象的研究方式。

如何在满足专项化体育课程技术教学的同时，有效提高课堂的身体活动水平、增强学生体能一直是学界探究的难题。王汝尧等[3]做了有效性的尝试，通过模糊数学法，建立了篮球教学方法与身体素质的相关矩阵，但如何有效应用到实践中仍缺乏进一步的探索。行动研究将研究者和执行者合二为一，针对教育实践中提出的问题，确定研究目标，制订研究计划和研究方案，然后实施研究计划并得出解决问题的有效途径。行动研究一方面可以解决教育研究实用性的问题，另一方面直接将教育研究带入实际操作的环节，有利于研究结果直接应用于实践，将是专项化体育课程研究的发展方向。

2.1.2.3 重复性研究较多，研究视角有待拓展

美国学者斯蒂文·贝斯特（Steven Best）和道格拉斯·凯尔纳（Douglas Kellner）

---

[1] 何秋鸿. 基于知识图谱的我国体育教育研究领域可视化分析[J]. 北京体育大学学报，2016，39（2）：98-103.
[2] 董国永，鲁长芬，王健. 我国普通高校体育本科专业设置研究述评[J]. 体育学刊，2010，17（4）：63-66.
[3] 王汝尧，杜兆斌，孙玉芹. 普通高校篮球专项体育课与身体素质接轨之研究[J]. 山东体育科技，2007，29（1）：59-62.

建构的视角理论认为,一个视角就是一种观察方法,是分析、解释特定社会现象的立足点和切入点。专项化体育课程作为一种社会现象,只有运用多维视角进行研究,才可以得出更加全面、深度的解释。目前,专项化体育课程研究的选题过于集中,研究视角不够开阔。这主要体现于以下几个方面:其一,宏观研究与微观研究失衡。大部分研究成果停留在宏观层面肤浅的分析,反映的仅仅是外在师资配备、体质健康效果、场地器材等宏观层面可行性问题,对于一些现实而紧迫的、从微观角度探寻专项化体育课程运行规律的研究,如对专项化体育课程教学内容、评价、组织教法的研究明显欠缺。其二,基础理论研究欠缺。只有采用教育学、心理学、社会学、组织行为学等多学科视角,才能解决专项体育课教学中存在的问题。例如,对专项化体育课程对学生体质健康的促进作用、学生专项兴趣如何保持等问题的研究,只有倚重这些研究才能深入。其三,专项化体育课程教学主体研究失衡。教师和学生均为专项化体育课程教学主体,以前专项化体育课程研究把关注点放在学生层面,而缺乏对专项教师层面的关注。其四,对国外专项化体育课程的比较研究较为欠缺。日本早期的"选择制"教学,美国、英国的选修体育课教学均具有成熟的经验,他山之石可以为国内研究提供良好的借鉴。

2.1.3 国内专项化体育课程与教学研究的总结述评

专项化体育课程是我国当代一种重要的课型,"走班制"的教学形式体现了以学生发展为中心的课程理念。纵观半个世纪的专项化体育课程研究,从研究内容看,多数有关"专项化体育课程"的研究内容过度重复,主要围绕专项化体育课程的必要性、可行性等外部条件探讨。对于如何深入课堂教学内部,提高专项体育课堂教学质量的研究缺乏,研究者的能力水平和研究的学术价值不高,加之专项化体育课程研究中存在的许多现实问题尚未解决,都使得专项化体育课程研究的理论意义和实践价值被弱化和怀疑。未来专项化体育课程研究更应该注重实践性、操作性,可以从以下几个方面进行深化。

(1) 注重基本理论研究,加强对专项化体育课程历史沿革的探讨

"以史为鉴,可以知兴替。"任何事物的发展均具有时代性特征,对专项化体育课程历史的挖掘有利于更好地认识和指导实践。就专项化体育课程而言,至少经历了早期的专项运动体育课、20世纪80—90年代广泛兴起的专项选修及新时期学科素养引领下的"上海市高中专项化体育课程改革" 3次演变形态。每次演变可能都存在不同疑惑,衍生出不同问题,新时期的专项化体育课程与以往相比产生了一些重大变化,我们需要在求索历史实情的基础上,引入历史和变迁纬度,

把握专项化体育课程的发展特点和变化规律，探寻社会变迁过程中专项化体育课程变迁的动因、现状、过程和问题，解读不同时期专项化体育课程的历史背景，总结经验，为正在施行的上海市高中专项化体育课程改革提供借鉴。

（2）深入实践层面，加强对专项化体育课程教学效果的科学评估

虽然众多学校进行过专项化体育课程教学的实验研究，但实验结果并未呈现一致性。上海市高中专项化体育课程改革试点工作距今已经10年有余，上海市教委的报告显示，专项化体育课程教学在2013—2017年4年多的时间里，学生体质下滑的趋势基本得到遏制，且有上升趋势；学生运动技能水平普遍提高，但是否真正掌握1~2项运动技能有待科学验证。针对以上问题，建议采用科学的方法对专项化体育课程学科内、学科外的效果进行评估。学科内的效果，需要基于科学的根据，凭借大量的科学数据和实验观察，针对专项化体育课程对学生身体活动水平、运动技能达成度、体质健康促进及终身体育意识培养效果进行测评；学科外的效果，主要针对专项化体育课程对学生德育、情感态度等方面培养进行测评。

（3）注重多元主体研究，加强对专项体育教师专业素养研究的探讨

作为专项化体育课程教学主体，学生是课程实施对象，而教师是直接实施者。专项化体育课程教学的顺利开展，需要体育教师具备专业化的素养。通过前期对上海市高中专项化体育课程改革调研发现，一线体育教师均认为，专项化体育课程对学生而言是一大福音，但无论是对教师工作能力方面，还是对教师工作任务方面均提出严峻挑战。目前，上海市高中专项化体育教师的专项对口率较低。体育作为一门知识外显性课程，教师的运动技能水平、对项目特征的熟悉程度会直接影响课堂质量。作为一名专业体育教师，运动技能是专项教师立身之本，不得有失，此外还需要熟悉身体练习的生理与心理机制、精通身体练习的具体方法、掌握教授身体练习知识的教育方法[①]。这也是新时期体育教师专业化的基本要求，针对项目不对口的教师，上海市教委每年都会进行职后培训，但教师培训竞技化倾向明显。根据运动技能迁移理论，不对口的专项教师经过3年的教学会逐渐加深对该项目的了解，熟悉项目特征。因此，在职后培训中，重点加强"专项教学法"的培育显得尤为重要。此外，还需要加强专项体育教师对专项化体育课程改革的忠诚度、职业认同等维度的研究。

---

① 唐炎. 现行体育教育本科专业课程方案存在的问题与改进建议[J]. 体育学刊，2014，21（2）：61-64.

(4) 深入微观层面，加强对专项体育课堂教学质量的探讨

高中专项化体育课堂质量研究需要重点关注以下两个方面。一方面，专项体育课堂教学质量评价研究。无论是德国体育教育专家海克尔（Haeckel）提出的"汗"与"笑"，还是国内老一辈体育教育家提出的"汗""会""乐"，均对体育课堂质量评价提供了有效参考。新时期，《普通高中体育与健康课程标准（2017 年版）》确定了学生体育学科核心素养的基本内容：运动能力、健康行为和体育品德。如何在立德树人背景下，建立以专项技能为主体，兼顾知识、体能、专项经历和情感体验等维度的综合评定体系，应是将来研究的重点。另一方面，课堂微观层面操作性研究。例如，上海市高中专项化体育课程改革普遍实施小班化分层教学。笔者运用加速度计，对高中专项化学生体育课堂身体活动水平进行测试，发现一节专项化体育课中运动技术水平高的学生，其身体活动水平反而低。因此，如何有效利用分层教学，调动身体素质差的学生的学习积极性，值得我们深入思考。

2.2 国外专项化体育课程与教学的相关研究

查阅文献发现，国外关于专项化体育课程与教学的研究的文献较少。一些国家纷纷进行了"选择制"及选项体育课教学方式的改革。"选择制"教学是日本早期的主要教学方式之一，并列入日本课程标准[①]。日本 1978 年的高中体育教学大纲中，规定男女各有两类指定选修教材，如球类项目、柔道、摔跤（男）、舞蹈（女）等，学生可以根据自己的技能水平及运动兴趣选择运动项目。分开进行专项教学，旨在提高学生运动技能水平，帮助学生形成运动专长，这与现在施行的上海市高中专项化体育课程是非常相似的。

顾渊彦[②]早期研究指出，开设体育选修课已成为许多国家的趋势，如以美国为代表的学分制选修课、以苏联为代表的任意选修课和以日本为代表的指定选修课等。美国学校根据各州的法律和地域特点，因校而宜地设定课程，有着较强的灵活性。美国加利福尼亚州开展学分制选修，学校开展了多个运动项目。其中，九、十年级学生上体育必修课，具体内容为运动、体操、舞蹈三类。除此之外，还开设了羽毛球、篮球、手球、体操、游泳等选修课程，学生学完一项后，可以改学

---

① 肖焕禹. 试析日本学校体育改革及其启示[J]. 体育科学，1999，19（6）：17-19.
② 顾渊彦. 体育课程的理论与实践[M]. 南京：南京师范大学出版社，2014：167.

另一项运动项目。美国学校的体育教学内容做到了大中小学有效衔接，小学阶段注重学生基本运动能力的发展，初中阶段注重广泛培养学生兴趣，高中阶段注重发展学生专长。美国学校在体育教学中主要采用竞技体育教学模式[①]。

英国体育课程标准中指出：高中阶段，给予学生较多自主权，让学生根据喜好自由选修。英国体育课教材主要分为必修和选修两大类，必修教材内容主要包括田径、体操、武术等基础知识和实践内容，选修教材内容主要包括球类、韵律体操和舞蹈、游泳等任选内容[②]。例如，伊顿公学施行的便是必修和选修相结合的教学模式。学校有近30种不同的运动项目可供学生选择，壁球和野地足球是伊顿公学的精选项目。同时，伊顿公学注重学生体育竞赛的参与，在夏季，每位学生一周内每天要花费5~6个小时参加板球比赛[③]。伊顿公学"育人至上"的原则和"体魄与人格并重"的理念，充分彰显了体育的教育功能，重在培养学生的体育精神和健全人格。

从20世纪70年代开始，受举办奥运会的影响，德国学校体育开始向校外发展，社会体育俱乐部与学校体育进行了有效结合。排球、乒乓球、赛艇等新的项目纷纷进入体育课堂[④]。在选课授课方面，学校采取"分层次管理"，学生可根据自己的兴趣、爱好、身体状况及时间等进行咨询，并选择适合自己的运动项目。学期结束后，试点学校评测学生的身体素质，并为每位学生家长列出一份测评报告，以便让学生家长了解到自己的孩子适合哪一项或者哪几项体育项目，从而为学生找到适合自己的运动项目。

此外，国外纷纷进行了与专项化体育课程相近的"运动教育"等课程模式的改革。运动教育模式由美国学者西登托普（Siedentop）提出。运动教育模式的过程分为运动季、团队联盟小组、正式比赛、最终比赛、成绩记录和庆祝活动6个部分。该模式将每个教学单元称为运动季，每个运动季包括练习期、准备期、比赛期3个阶段。通常情况下，每个运动季的时间设置会在20学时以上。比赛前，教师根据学生的运动能力水平进行分组，小组成员在教师的带领下，共同制订比赛计划，研究商讨比赛战术，力争取得优异成绩。运动教育模式通过创设比赛情境，鼓励每位学生以不同角色参与到真实情境的比赛中，体验运动乐趣、感受成

---

① 冯红静. 对美国学校体育教学的研究[D]. 北京：北京体育大学，2012.
② 盛晓明. 中国、英国中学体育课程改革与发展的比较研究[D]. 北京：北京体育大学，2004.
③ 原青林. "教育活化石"的考释——英国公学研究[D]. 南京：南京师范大学，2005.
④ 刘波. 德国体育俱乐部体制与学校体育关系的研究[J]. 体育与科学，2008，29（1）：88-91.

功的喜悦[①]。竞赛是增加学生体育参与的重要动力，运动教育模式为上海市高中专项化体育课程的开展提供了有益启示。国外"精英卓越式体育专项化"培养模式，是由21世纪初国际公认的教练教育家伊斯特凡·巴利（Istvan Baly）博士提出的，其将运动理论较好地整合到运动发展系统中，分为积极开始、基本练习、学着去练、练着去练、练着去比、练着去赢、积极生活、发展阶段8个阶段，不断挖掘学生的运动潜能，培养学生的专项特长。该过程是一个长期的培养过程。

综上所述，国外对与专项化体育课程相似的模式研究起步较早，并且形态不断演变。然而无论如何变化，均呈现出以下特征。①教学方式充分尊重学生主体地位，做到了以学生兴趣为出发点，让学生选择自己喜欢的运动项目进行深入学习。②注重"大课程观"的构建。课程实施有效突破了仅限于课堂教学的局限性，注重学校体育社团、体育运动协会、体育俱乐部、体育赛事的开展，构建开放性的大课程体系，体现出开放、多元、个性化的特征。③注重选项体育课的育人价值实现。无论是运动教育模式，还是各种选修体育课类型，均体现了以项目为载体，延展了体育的教育功能。

2.3 体育课程改革的效果评估研究综述

效果是指由某种动因或原因所产生的结果、后果[②]。由此可知，体育课程改革的效果评估，主要是针对课程改革结果进行的。查阅文献发现，关于体育课程改革的效果评估文献较少，王淑英[③]将体育课程的效果评价界定为学生体育学业评价；汤利军[④]在《我国基础教育新体育课程实施效果研究》一文中，分别对学生的体育学习结果和体育教师对课程改革的认同情况、教师教学行为进行论述。

评估由"评"和"估"二字组成。《现代汉语词典（第7版）》中解释"评估"为"评议估计；评价"。评估是依据一定的标准，采用一定的程序和技术手段进行价值判断的过程。评估理论较多，其中CIPP评估模式由美国教育评估专家斯塔弗尔比姆（Stufflebeam）提出，他认为评估检测的最终目的不在于证明，而

---

① 李卫东，汪晓赞，PHILLIP W，等. 体育课程教学模式[M]. 北京：高等教育出版社，2018：103.
② 阮智富，郭忠新. 现代汉语大词典 上[M]. 上海：上海辞书出版社，2009：66.
③ 王淑英. 学校体育课程体系研究[D]. 石家庄：河北师范大学，2012.
④ 汤利军. 我国基础教育新体育课程实施效果研究[D]. 上海：华东师范大学，2012.

在于改进。CIPP 评估模式包括背景评估（Context Evaluation）、输入评估（Input Evaluation）、过程评估（Process Evaluation）和结果评估（Product Evaluation）4 种评估[1]。同时，CIPP 评估模式整合了诊断性评估、形成性评估和终结性评估，突出了评估的发展性功能[2]。

CIPP 评估模式的特点：①将 4 种评估结合起来加以综合评判，具有很强的针对性、政策性和前瞻性，适宜为政策制定服务；②对事物的评估是一个长期的过程，兼顾计划、组织、实施和再循环 4 个方面的决策类型，具有全程性特点；③以形成性评估思想和改进导向的功能定位为主要特征，注重过程评估和过程改进；④整合了诊断性评估、形成性评估和终结性评估，评估策略灵活，可操作性强；⑤评估方法上兼顾描述性资料和判断性资料的收集与运用，提高了评估的认知度和可行度；⑥适用于大规模方案，需要有各类信息源的配合和充裕的经费及科学的分析技术，适用于制度化的持续性评估。

本研究借鉴 CIPP 评价模式，构建的上海市高中专项化体育课程改革的效果评价指标体系的适切性在于：①从过程出发，对高中专项化体育课程改革的效果进行评估，注重形成性评估和终结性评估相结合，更有益于确保评估指标体系的实用性；②评价最重要的目的不在于证明，而在于改进，通过对专项化体育课程改革的效果进行优化，有益于课程改革实效性的改进；③高中专项化体育课程改革的效果评价涉及多方面因素，明晰不同指标存在的问题，有益于课程改革的精确改进；④本研究评估工作依托教育部门，得到了相关政府单位的支持，信息资源丰富，测评技术科学，均为本研究评估提供了条件。

体育课程改革的效果评估不同于体育课程评价。课程评价已有多年的研究历史，发端于 20 世纪初，兴盛于 20 世纪 50—60 年代。泰勒（Tyler）认为课程评价是对课程教学目标实际达成程度的描述。富兰（Fullan）认为课程评价是指某一门新课程实际应用达到的效果，与原本的课程设计目标相符合的程度。皮特（Peter）定义课程评价为，收集和分析资料，以便学生的学习得到可持续发展的过程。张华[3]认为课程与教学评价就是以一定的方法、途径对课程与教学的计划、活动及结果等有关问题的价值或特点做出判断的过程。总体而言，关于体育课程评价的研究相对滞后，理论研究相对薄弱，主要在体育教学评价的论域中进行。课程评价的最终目的在于通过对实施情况进行反馈，发现问题，对课程进行不断的调试，

---

[1] 高书国. 教育指标体系——大数据时代的战略工具[M]. 北京：北京师范大学出版社，2015：44.
[2] 肖远军. CIPP 教育评价模式探析[J]. 教育科学，2003（3）：42-45.
[3] 张华. 课程与教学论[M]. 上海：上海教育出版社，2000：11.

通过反馈改进体育课程教学质量。综上所述，课程评价主要通过收集和分析资料，检验课程实施的效果，为进一步深化课程改革提供依据。

　　课程改革的效果评估是对结果的一种描述。虽然上海市高中专项化体育课程改革实施多年，但从《上海市高中体育专项化课程改革指导意见（试行）》中可以看出，目前此次改革主要以教学为切入点，实为一种课程教学模式的改革。体育课程教学模式改革的效果主要体现于学生的体育学习中，旨在促进学生身心健康全面发展，是对课程目标实际达成程度的重要描述。基于这种考虑，本研究将高中专项化体育课程改革效果评估的重点集中于学生体育学习的结果。毕竟，学生是课程改革的直接受益者，促进学生的体育学习是体育课程改革的终极目标。对于学生体育学习评价，《义务教育体育与健康课程标准（2011年版）》中提出建立有利于学生发展的多元体育学习评价体系。汪晓赞和季浏[1]、于可红等[2]均做过研究，专家学者们对体育学习评价的概念内涵界定基本一致，即充分体现以学生发展为中心的指导思想，充分重视评价的发展功能，充分强调评价内容多元、评价方法多样，充分注重评价主体多元，从而更好地促进学生学习和发展的评价。改革效果评估方法提倡多样化，主要以量化评估和质性评估相结合的方式，量化评估方法简单明了，能提供强有说服力的证据，而质性评估方法全面深刻，能反映评估对象的真实情况。作为从实践出发的体育课程改革的效果评估，应将二者有机结合起来，以获得全面准确的评估信息。

---

[1] 汪晓赞，季浏. 中小学体育新课程学习评价[M]. 上海：华东师范大学出版社，2007：12.
[2] 于可红，等. 体育与健康课程学习评价指标体系研究[M]. 杭州：浙江大学出版社，2013：56.

3

理论基础与核心概念界定

3.1 理论基础

3.1.1 人本主义理论

人本主义于20世纪50—60年代在美国兴起，人本主义强调爱、创造性、自我表现、自主性、责任心等心理品质和人格特征的培育，对现代教育产生了深刻的影响。人本主义教学思想关注的不仅是教学中学生认知的发展，更关注对学生内在心理世界的了解，以顺应学生的兴趣、需要、经验及个性差异，重视认知、动机、情感等心理方面对行为的制约作用。体育专项化教学充分发挥学生的自主性，尊重每个学生的个体需求，满足其兴趣需要，让其在自己喜爱的专项上持久地学习，并根据运动技能水平实行专项分层教学，满足学生的差异化需求，使学生在不同的层次上都能有获得感、快乐感，学生的身心健康、体育兴趣、社会交往及适应能力亦随之增强，以实现学校体育"健康第一""终身体育"的理念和目标。

3.1.2 动机激发理论

心理学家阿列克谢·列昂捷夫（Alexei Leontyev）提出了"从动机走向目的"的心理学理论，即先激发学生的兴趣，由兴趣形成动机，然后由动机的激励指向动作的目的。只有培养学生形成稳定而又有效的兴趣，才会产生积极的内部动机。研究表明，成就动机越强的学生，其学习的积极性、自觉性、主动性和坚持性就越强，其学习的内在潜力就发挥得越好。可见，成就动机强可以更好地使潜在的兴趣转化为现实化的、起作用的兴趣。兴趣的倾向性和稳定性对学生的选项和坚持专项学习具有指导意义。体育专项化教学改革就是发现和培养学生在某一项运动项目上的兴趣和潜能，让其产生持续自主地专注于一项专项技能学习的动机，不断提高自身专项技能水平，使其在不同层次的学习竞赛中能够体会到一种自信心和成就感，从而达到激发他们坚持体育专项学习的积极性、自觉性和主动性的目的。

3.1.3 动作技能形成理论

任何运动技能的掌握都会经历一个从泛化阶段、分化阶段到自动化阶段的转变过程。运动技能必须通过一定的练习而获得，学生在运动技能的学练过程中，其进步情况可以用练习曲线表示。从练习曲线上可以看出，在运动技能形成过程中，随着练习次数的增加，完成动作所花费的时间逐渐缩短，所出现的错误动作数量日益减少，单位时间内完成的动作量不断增加。根据运动技能的形成原理，要让学生熟练掌握 1~2 项运动技能，就必须有足够的练习时间作保证。据此，高中体育专项化教学改革突破传统教学模式，让学生在高中 3 年坚持 1~2 个项目的学习，使其有足够的练习时间和次数，来实现从泛化到自动化的运动技能形成过程，达到熟练掌握这一运动技能的目的。

3.2 概 念 界 定

3.2.1 专项

何谓"专项"？在《辞海》中，"专"被解释为：①专一，独用，特派，如专车、专攻；②对某种学术、技能有特长；③单独掌握或占有，如专利、专卖；④专擅，独断独行，如《左传·桓公十五年》中的"祭仲专，郑伯患之"。"项"的解释有：①颈的后部，颈；②冠的后部；③隆起，肥大；④事物的款目；⑤数学名次。由此，根据《辞海》，"专项"可以直接解释为专擅的事物。在体育中，"专项"一词有其特指的含义。延烽和郑晓鸿[1]从运动训练的角度把"专项"定义为与运动员训练水平相称的比赛本身。根据"专"和"项"的解释，"专项"从字面上讲可以认定为：专一、专门学习的种类、项目。从体育的角度看，"专项"可以解

---

[1] 延烽，郑晓鸿. 对"专项"涵义的诠释[J]. 北京体育师范学院学报，1999（1）：40-43.

释为竞技类运动员或体育专业学生长时间训练或学习的运动技术动作或项目。例如，我们常说的体操运动员的专项就是体操，篮球运动员的专项是篮球。竞技体育运动员的专项是指运动员用来参加比赛，而长期进行训练的项目，是以参加比赛夺取名次为最终目的的。学校体育范畴内，从狭义上来讲，竞技体育运动员的专项就是专指体育院校体育专业技术类教学中，根据自身条件和运动基础在长期学习和练习下，体育专业学生所擅长的项目。这种"专项"需要在科学的、合理的运动量和运动强度刺激下方能形成，用时较长，所需课时较多。董文梅等[①]把运动特长或擅长项目的标准归纳为：对运动项目主要技战术的熟练掌握。如果该运动项目的运动技术超越其他人，就会经常被别人羡慕，也可以参加业余的比赛，或是会向其他人教授该项运动项目，就由此具有了专业化的运动素质。

综上所述，对本研究专项化中的"专项"可以理解为：在学校体育教学中，为增强学生体质，充分发挥体育的育人功能，根据学生的兴趣、运动基础和场地设施现状，由学生自主选择的且可以进行长时间锻炼，从而形成的个人运动特长或比较擅长的体育运动项目。

3.2.2 高中专项化体育课程

高中体育专项化课程改革是2013年在上海市率先开始推行和实施的一项体育教学改革。高中体育专项化课程教学的定义由最初的"基于个体体育兴趣，按运动基础层次重组，实行20~30人的小班化教学"到"以学生体育兴趣和运动基础为依据，以专项为依托，实施班级重组的教学"，再到"在高中学校体育教育教学中开展以学生兴趣和技能水平为依据，打破传统年级、班级概念的分层次专项教学"。可以看出：专项化教学是在高中阶段开展的以"健康第一，立德树人"为指导思想，以"学生的终身发展"为核心教学理念，以培养学生终身体育意识、激发学生体育兴趣为前提，以帮助学生形成运动能力为手段的一种体育教学形式。

---

① 董文梅，毛振明，包莹. 从体育教学的视角研究运动技能学习过程规律[J]. 体育学刊，2008，15（11）：75-78.

4

我国专项化体育课程的历史发展形态与特征

专项化体育课程以运动技能教学为主线，围绕某一运动项目，进行长期的专项化学习与训练，帮助学生形成运动专长，从而促进学生终身体育发展[1][2]。早在20世纪60年代，单项运动体育课在一些大学里便有所开展；20世纪90年代在《中国学校体育》杂志中，围绕专项体育课"必要性"和"可行性"产生过广泛讨论和争鸣；2013年，上海市在体育学科素养大背景引领下，开始实施高中专项化体育课程改革，专项化体育课程再次进入人们的视野。目前，此改革已经纳入《上海市学校体育发展"十三五"规划》[3]，山东等地也进行了效仿。实践证明，专项体育课程在发挥教师专长、满足学生学习兴趣、促进学生特长发展[4]方面的积极作用是客观存在的。然而，多年来围绕专项化体育课程性质、如何处理好体能与技能结合的关系、专项化体育课程"必要性"及"可行性"等问题的讨论从未间断。研究教育史，不能即时解决当前所面临的实际问题，但是在历史中可以洞察问题出现的原因及解决方案。本部分通过回顾不同年代专项化体育课程与教学的历史背景，梳理不同时期专项化体育课程与教学的发展变化特点，总结经验，希望对后期的专项化体育课程教学改革有所帮助。

---

[1] 洪国武，罗凤鸣. 探讨改革体育课教学的方向——对安徽农学院开设专项课前后两年的追踪调查分析[J]. 安徽体育科技，1988（1）：56-63.
[2] 李杰凯. 从"运动制胜"到"运动致趣"向俗回转的思考[J]. 上海体育学院学报，2012，36（1）：78-82.
[3] 上海市教育委员会. 关于印发《上海市学校体育发展"十三五"规划》的通知[EB/OL]. （2016-11-15）[2022-09-11]. https://edu.sh.gov.cn/xxgk2_zhzw_ghjh_01/20201015/v2-0015-gw_301132016003.html.
[4] 彭小伟，毛振明. "专项体育课"的发展过程与学理依据[J]. 体育学刊，2016，23（4）：1-5.

4.1 20世纪60—80年代初：运动训练式的单项运动体育课程

苏竞存[①]提出，20世纪60年代初，我国高等学校广泛开设过单项运动体育课，凡达到"劳卫制"二级标准的学生可以上这种课，进行以一项运动为主的系统训练，满足他们对竞技运动的爱好，发挥他们的运动才能，更好地增强他们的体质。这种做法，主要受20世纪60年代锦标主义思想的影响，类似苏联早期的部分选修，只对体育积极分子开设，重在提高部分运动基础较好的学生的运动技术水平。此外，20世纪70年代初期，中美两国乒乓外交之后，我国体育教学开始偏向竞技运动，国内多所学校对传统体育课进行改革，试行以运动训练为主的教学试验，有些高中全部上这样的体育课。1979年10月，我国被恢复国际奥委会的合法席位后，此种做法仍然得到了延续，重在提高学生的竞技运动技术水平。成都体育学院周德潜曾经指导四川省温江中学进行一项以传统运动项目为主要教材的改革实验。实验班从初中一年级起，到高中毕业时止。教材内容分为主教材和辅助教材两类，主教材为田径、排球、足球，辅助教材为国家体育锻炼项目和其他能提高身体素质的项目。经过6年的实验，10%～15%的学生达到二级运动员或相当于二级运动员的水平，50%～60%的学生达到三级运动员或相当于三级运动员的水平。结果表明，以学校传统体育项目为主要教材，进行单项运动体育课教学，无论是对学生运动技能的提高，还是良好锻炼习惯的培养，均具有积极的现实意义[②]。该阶段的专项运动体育课使得体育教育混同于竞技训练，违背了学生的兴趣爱好，突出专项化体育课程作为竞技体育后备人才培养的社会服务功能，具有明显的社会本位课程价值取向。具体呈现出以下特点。

4.1.1 以"竞技体育"思想为指导

"竞技体育"教学指导思想是指在体育教学中，以培养学生竞技能力、提高学生运动技术为中心的一种教学思想[③]。无论是早期的单项运动体育课，还是3年学习一个"传统运动项目"的教学，均以运动训练式的"竞技体育"教学思想为

---

① 苏竞存. 我国学校体育思想四十年的曲折发展[J]. 体育文史, 1989（4）: 4-7, 15.
② 宋尽贤, 廖文科. 中国学校体育30年[M]. 北京: 高等教育出版社, 2010: 26.
③ 曲宗湖, 潘志琛. 试析当前我国普通中小学体育教学改革的几个主要问题[J]. 体育科学, 1988（1）: 8-11.

指导。其原封不动地将竞技训练移植到学校体育教学中，此种做法混淆了运动员的运动训练过程和为增进学生身心健康的体育教学过程，使人们产生了体育教学就是培养等级运动员的错误观念。

出现这种现象的原因是多方面的，具体如下。其一，受当时苏联依·格·凯里舍夫体育教育论的影响，苏联的体育教学活动是典型的以教师和教材为中心的，学科设置以典型的运动项目为主，按照运动技能形成规律和人体生理机能活动变化规律进行运动技术教学。在这种思想的指导下，将体育课转化为初级的竞技训练课。其二，受当时国内竞技化较强的《国家体育锻炼标准》的影响，突出国家意志，强化竞技性，竞技化运动项目成为增强学生体质的重要手段。其三，为适应我国竞技运动发展需要，中华人民共和国成立后，竞技运动日益渗透到体育教学中，培养体育精英人才被视为学校体育的主要成绩，因此各级学校大力发展竞技体育运动项目。总体而言，以竞技教育为重心的单项运动体育课，偏离了体育的教育价值，使人们产生了体育就是培养运动员的错误观念[1]，容易出现教学内容枯燥、学生学习兴趣下降等弊端。

4.1.2 以"运动训练"为主要教学方式方法

体育教学面向的是全体学生，是学校教育的重要组成部分，而运动训练以"争夺锦标"为重要手段，重在提高竞技运动水平，是竞技体育的直接表现形式。二者不能割裂开来，而是既相互促进，又具有各自的目标体系。早期的单项运动体育课，统一用竞技运动技术的规格去要求学生，提出每个学生都要达到一项运动员等级标准。篮球、排球、足球、跳远等教学项目无不从竞技角度出发，以运动训练作为良好的锻炼手段，强调动作的熟练性和规范性，忽视了学校体育的育人过程。正如 1954 年，北京师范大学女附中张宛容教师所言："以前我关心的学生只是少数成绩好的运动员。他们跳得多高、跳得多远、跑了多少秒、姿势上有哪些毛病，我都知道得很清楚。但是，学生的健康、学习、思想和生活方面怎么样，就不了解了。"[2]这段话充分反映了以运动训练为主要教学方法的单项运动体育课教学观念。正是在这种教学观念的影响下，专项化体育课程的教学趣味性缺乏。因此，运动训练的方式方法不一定适用于教学，需要改变练习方式、运动强度密度，方能适应体育教学需要，而教学的方式方法可适用于训练。

---

[1] 苏竞存. 我国学校体育思想四十年的曲折发展[J]. 体育文史，1989（4）：4-7，15.
[2] 毛振明. 学校体育发展史[M]. 桂林：广西师范大学出版社，2005：56.

4.1.3 教学内容具有明显竞技化倾向

早期的单项运动体育课，几乎全盘照搬苏联学校体育模式，以竞技能力高低为评价标准，原封不动地将竞技化运动项目内容纳入体育教学中，混淆了竞技体育与学校体育的目的和任务。竞技化体育教学主要以专项身体、技术、战术、心理智能为训练内容，具有专门性特点，难度较大，缺乏体育知识理论、技术方法、技能技巧的教学传授。这种教学模式，将体育课程等同于运动训练，重在"争锦夺标"，忽略了人的全面发展。即使在改革开放初期，也对我国学校体育的发展产生了深刻影响。当时，我国确定了"在普及与提高相结合的基础上，侧重抓提高"，优先发展竞技体育战略，引发了学校体育是否具有培养竞技体育后备人才功能的思考。毕竟，从苏联引进的竞技体育项目教材都是以"运动制胜"为出发点构建的，很少涉及运动兴趣与运动爱好的内容[①]。然而，体育教学和运动训练的目的、任务不同，应有各自的要求和规律。

4.2 20世纪80—90年代：尊重学生个性发展的专项选修体育课程

早期的单项运动体育课程教学重在为国家培养竞技体育后备人才，更多地考虑国家需要和社会主体需要，忽视了学生的个性发展及综合能力的培养，而专项选修体育课充分顾及学生的个性需求。1987年的过渡性体育教学大纲中，选用教材比重开始增多，初中选用教材达到40%，高中达到50%。

1982年，上海市敬业中学、恒丰中学充分学习了日本"选择制"教学的经验，除要求学生认真完成高中体育教学大纲中要求的身体素质训练外，结合本校实际，开设了"指定选修"体育课。庄弼也在1987年对广州几所高中进行了选项教学实验。1994年，孙耀鹏[②]撰写的《体育兴趣的培养与体育课教学改革——为"专项课"立论》首次提出以"专项兴趣"为核心的教学目标，主张在大中小学全面开设专项选修体育课。此后，学界围绕专项选修体育课的存在价值，进行了广泛的

---
① 李杰凯. 从"运动制胜"到"运动致趣"向俗回转的思考[J]. 上海体育学院学报，2012，36（1）：78-82.
② 孙耀鹏. 体育兴趣的培养与体育课教学改革——为"专项课"立论[J]. 北京体育大学学报，1994（2）：69-75.

探讨与争鸣。在争论中，大家普遍认为专项选修体育课克服了传统体育教材统得过死的弊端，发挥了体育教师的专长，是有进步意义的。但也有学者提出反对意见，如洪国武和罗凤鸣[1]认为专项选修体育课可能会导致学生身体素质下降，并且只适合在有条件的学校开设。总体而言，此时期的专项化体育课程与以前相比，发生了许多变化。

4.2.1 逐步确立"终身体育"指导思想

20世纪80年代中期，"终身体育"思想引入我国，并引起积极关注。据统计，从1981年创刊到1998年，《中国学校体育》杂志共发表"终身体育"相关的论文达到275篇，"终身体育"这一概念的使用频次达1000次以上。众多学者，如王璋和张洪东[2]、许庆华[3]等对专项选修体育课在终身体育中的作用进行了论述，提出实践中专项选修体育课会促进学生的个性发展和能力培育，更有利于达到终身体育的目的。甚至，有学者将专项选修体育课等同于终身体育。例如，何祖新等[4]提出专项选修体育课能够为学生终身体育奠定良好运动技术基础，促进学生个性发展。虽然在概念层面上将专项选修体育课等同于终身体育有失偏颇，但足以证明专项选修体育课在终身体育中的价值已得到学界的认可。当然，终身体育价值的最终实现，需要通过"课内外相结合"的办法，奠定学生终身体育基础。其基础内容大致应该包括：①打好身体基础，掌握跑、跳、投等基本活动能力；②培养学生体育兴趣和终身锻炼习惯；③使学生掌握体育基本理论知识和锻炼方法，从而培养和发展他们的体育能力[5]。

4.2.2 教材内容实现了"由教师选择"到"学生自主选择"的转变

早在1961年颁布的《小学体育教材》《中学体育教材》中，体育教材便分为基本教材和选用教材两部分，但是当时学生没有自主选择教学内容的权利，普

---

[1] 洪国武，罗凤鸣. 探讨改革体育课教学的方向——对安徽农学院开设专项课前后两年的追踪调查分析[J]. 安徽体育科技，1988（1）：56-63.
[2] 王璋，张洪东. 专项体育课在实施终身体育教育中的作用[J]. 山东体育学院学报，1997（1）：75-77.
[3] 许庆华. 开设专项体育课教学对学生终身体育影响的探讨[J]. 吉林体育学院学报，2007（6）：134-135.
[4] 何祖新，张成云，付道华，等. 普通大学生终身体育教育实验研究[J]. 体育科学，1998，18（3）：32-34.
[5] 王则珊. 学校体育理论与研究[M]. 北京：北京体育大学出版社，1995：57.

通高校体育课程内容是由专家或教育者确定的[①]。直至 2002 年，随着《全国普通高等学校体育课程教学指导纲要》的印发，学生开始自主选项（第一年基础教学，第二年选项教学），第一学年的教学内容由教师确定，第二学年的学习内容（项目）由学生确定，并确立了"三自主"授课模式；2001 年颁布的《体育与健康课程标准（2001 版）》、2003 年颁发的《普通高中体育与健康课程标准（实验）》中确定了"选项制"和"模块化"教学，教学内容选择权开始下放给学生。自此，学生可以根据自己的兴趣进行"走班制"学习，教材内容实现"配餐"到"自助餐"形式的转变。专项选修体育课教材内容选择权的下放，一方面，突出了学生的主体地位；另一方面，有利于学生终身体育技能的形成，是以"学生发展为中心"的良好体现。

4.2.3 仍以"技术教学"为中心，开始理性对待技术教学与增强体质的关系

1979 年，扬州会议确定增强体质为学校体育的出发点和归宿，但围绕"体质派"和"技能派"的争论从未停止。人们普遍以为学会了运动技术就是锻炼了身体，实则不然，继承于苏联教育模式的"三基"体育教学引起了众多专家、学者的质疑。在实践中，20 世纪 80—90 年代，众多学校对专项选修体育课进行了教学实验，但实验结果并未呈现一致性。例如，在 1982 年，上海市敬业中学的选修体育课实验证明，学生的身体形态、身体素质方面数据的增长值，与对照班相比明显提高。20 世纪 80 年代初，《体育教学》刊物在针对全国不少中学开展高中选修课实验的来稿复信中，明确提出高中专项选修体育课应在努力完成高中体育教学大纲的前提下进行[②]。以田径、体操为主要教学内容的普通体育课，应是专项选修体育课开展的基础。庄弼在 1987 年 2 月至 1988 年 2 月开展了一年选项课实验，主张全面发展身体素质与专项教学形式相结合。"全面发展身体素质"教学内容以身体素质（以练习《国家体育锻炼标准》中的相关内容为主，兼顾各种素质练习）。直到 2000 年，随着张洪潭[③]在《技术健身教学论》中提出："运动技术

---

① 于晓东. 新中国 60 年体育课程内容选择的回顾[J]. 体育学刊，2010，17（4）：55-58.
② 黄绍强，舒邦庆，邱富云，等. 关于体育教学改革及在高中开设体育选修课的通信[J]. 体育教学，1987（4）：20-22.
③ 张洪潭. 技术健身教学论[M]. 上海：华东师范大学出版社，2000：27.

学练活动虽具有却不追求，而虽不追求却必有强化体质之功效"，专项选修体育课作为一项以运动技术教学为主体的课程类型，人们开始慢慢加深对此方面的认识。但是，单一学习某项技术或者组合技术时，对体能的提高效果还是有限的。在以"运动技术教学"为主旋律的专项选修体育课实践中，要真正做到体能与技能融合发展，还需要注重达标项目身体素质的锻炼。这就要求每堂课安排"课课练"环节，确保专项技术与身体素质练习的有机结合。

4.2.4 教学方法实现从"训"向"教"观念的转变

早期的单项运动体育课，遵循运动训练的手段和方法，从竞技角度出发，强调技术的熟练性、动作的规范性，但在增强体质的实效上难以令人苟同。不可否认，竞技运动在学校中具有不可动摇的地位，但直接把竞技体育内容搬进学校体育课堂则难度较大。要使竞技运动适合学校体育，就要对各种竞技项目进行改造。1978 年颁布的《全日制小学体育教学大纲》《全日制中学体育教学大纲》中，首次提出打破以竞技运动竞赛为中心的教材体系。赖天德先生指出，"打破"不等于不教运动技术，而是使体育教育的真正含义从"传技"上升为"育人"，不能只围绕体育比赛用得上的运动技术来编排教材，使学校体育只抓少数运动尖子而忽视大多数。"打破以运动竞赛为中心的编排体系"，实质上是如何正确处理竞技体育与学校体育的关系，以及运动项目如何根据学生身心发展特点，进行学科化和教材化的转换问题。但是"打破以运动竞赛为中心的编排体系"并不是不要竞赛，更不是否定运动项目作为中小学体育教学内容的重要性[①]。

专项选修体育课作为普通体育课外出现的一种课程形式，区别于运动训练，要改变这种状况，需要对正规竞技内容进行改造，使技术与相应规则适应普通学生的身体条件与心理需求。1993 年，在《中国学校体育》杂志上进行的"为什么要教背向滑步推铅球"的理论讨论，进一步推动了学术界对竞技教材的讨论。在这个讨论中，出现了"竞技运动教材化"的新观点[②]。教材化一般是指将课程内容逐步改造成具体教材的过程。因此，"竞技运动教材化"称谓是否合适仍然有待商榷。但可以肯定的是，在此整体改革背景下，专项选修体育课的训练手段将逐渐走向教学化。

---

① 李晋裕，腾子敬，李永亮. 学校体育史[M]. 海口：海南出版社，2000：118.
② 毛振明. 近阶段中国体育教学理论研究的若干成果和建树[J]. 北京体育大学学报，2004，27（2）：233-234.

4.3 2017年至今：学科素养引领下的上海市高中专项化体育课程

20世纪90年代之后，专项化体育课程的发展形态未产生历史性的变化。直到2013年，上海市拉开了高中专项化体育课程改革试点工作的序幕，专项化体育课程再次引起人们关注。其以运动项目为引领，三年一贯制学习某一项目，进行"走班制"教学，为促进学生核心素养和终身体育习惯的养成奠定基础。此次课程改革充分响应了教育部提出的"1+X"体育教学模式的要求，鼓励学生自中学阶段开始根据自己的兴趣，专门学习一个或几个项目，推动"专项化体育课程"的开展[①][②]，在课程指导思想、目标、内容、教学方式方法、评价等方面发生了诸多变化。总之，此次高中专项化体育课课程形式来源于《普通高中体育与健康课程标准（2017年版）》引领下的选项制，但略有不同，基本特征如下。

4.3.1 以"健康第一，立德树人"为指导思想

"学校体育既要育体，也要育人。"在"健康第一，立德树人"指导思想下，上海市高中专项化体育课程的育人功能得到充分挖掘。专项体育课"立德树人"功能的渗透，一方面通过体育教师自身树立榜样，言传与身教；另一方面通过充分挖掘各体育专项所特有的德育元素，将各专项的德育价值融入技能教学和体能发展中。教师在教学中尽可能采用竞争、合作、对抗性练习，培养学生的抗挫折能力、竞争意识、规则遵守意识、责任感等优良品质。例如，在民族民间体育教材中，加入具有浓郁地方色彩的体育活动，使中华民族体育文化得到很好的传承；在韵律操、舞蹈等教材中适时将审美教育融汇其中，提升学生的审美能力；在篮球教材中将个人学习、对抗性练习与运动思维结合起来，将篮球规则学习和诚信守法结合起来，使学生不仅学到篮球技术，更形成合作和遵守规则的意识。同时，高中专项化体育教学强调不是面向运动精英的教学，而是面向全体学生的教学，重点关照那些不喜欢运动、身体素质较差的学生。高中时期，学生在性格、人格、

---

① 教育部办公厅. 关于报送"一校一品"体育特色建设情况的函[EB/OL]. (2014-01-30) [2022-09-11]. http://www.moe.gov.cn/s78/A17/tongzhi/201402/t20140225_164577.html.

② 李小伟. 姚明说得对，体育专项化教学是方向[EB/OL]. (2015-03-06) [2022-09-11]. http://edu.people.com.cn/n/2015/0306/c1053-26648221.html.

习惯等方面开始定型，德育教育有机融入专项化体育课程教学的内容和形式、手段和方法中，有效提升了学生综合素养，做到了"育体育人"有机结合。

4.3.2 以高中为桥梁，以切实帮助学生掌握一项运动特长为目标

学习和掌握专项技能是高中专项化体育课程教学的主体内容，遵循运动技能教学规律，注重体育课程教学内容整体设计是帮助学生掌握专项特长的有效途径。学生上了14年的体育课，没有掌握一项运动技能的问题，一直萦绕在学校体育工作者的耳旁。针对此问题，进行"走班制"教学，注重运动技能课程内容整体衔接是一个有效的尝试。然而，关于专项选修体育课的开设学段，学界一直持有不同的看法。孙耀鹏[①]早期提出，专项选修体育课开设越早越好，而季浏[②]等认为专项选修体育课在高中阶段开设，更适合高中学生的身心发展特点。在实践操作过程中，大部分学生中小学运动技能学习缺失，导致高中选修体育课时运动基础薄弱、零基础的学生较多。上海市高中专项化体育课程改革，上推大学体育个性化，下引义务教育阶段小学兴趣化和初中多样化的改革，按照从基础运动逐步向专门运动技能过渡的顺序，注重运动技能衔接性，致力于构建"基本运动能力的培养→基本运动技能的形成→运动技能的全面发展→专项运动技能的提高→特长技能的获得和综合能力的形成"这样一个较为完整的体育教学体系。根据儿童青少年各个时期的年龄特征，小学低年级发展学生的基本运动能力；小学高年级教授学生基本运动技能，为学生全面掌握走、跑、跳、投、翻滚、攀爬等基本运动技能打下基础；初中阶段教授学生多种运动项目；高中阶段重视培养学生的运动爱好和专长；大学阶段则充分发挥协会、俱乐部的作用，强调与社会体育的有效衔接。最终，通过运动专长的培养，实现以项目教学为中心，促进学生体育素养的形成。

4.3.3 明确将技术传授方法纳入课程，注重学生认知学习能力培养

传习式的专项化体育课程以教师为中心，以机械模仿、课堂纪律等规范约束学生，而忽视了学生的认知能力培养。新时期的专项化体育课程以学生主动建构知识为中心，不仅满足于教会学生运动技术，更重要的是要教会学生进行体育锻炼的方法。《上海市高中体育专项化课程改革指导意见（试行）》中明确提出，

---

① 孙耀鹏. 体育兴趣的培养与体育教学改革——为"专项课"立论[J]. 北京体育大学学报，1994（2）：69-75.
② 季浏. 体育锻炼与心理健康[M]. 上海：华东师范大学出版社，2006：146-147.

将运动技术的动作原理和练习方法教授给学生，重视培养学生的独立思维和创造性思维，做到学生身体活动与思维活动的有效结合。专项体育教师在教学实践中，改变了以传授运动技术为主的单一教学模式，在最佳时机教授学生运动技术原理，帮助学生在技术学习中做到"知识内化"。将运动技术传授方法纳入专项化体育课程，实现了从以前的"教体育""教篮球""教体操"，向"教人学体育""教人打篮球""教人练体操"转变，帮助学生学会学习，为终身体育服务。教会学生学会学习，引导学生感悟学习方法的价值，也是学科素养背景下提升育人能力的重要途径之一。

4.3.4 以学生体育素养的养成为评价参考

运动能力、健康行为和体育品德是体育学科素养主体构成部分[①]。上海市高中专项化体育课程改革以运动技能教学为主线，配合学生综合素质评价要求，建立包括学生专项知识、技能、体能、经历和情意等方面的综合性学生体育素养评价指标体系。《上海市学校体育发展"十三五"规划》中，明确提出了中小学生体育素养达标率在 2020 年达到 80%以上的目标要求[②]。正如上海市特级校长、体育特级教师徐阿根所说：专项化体育课程学生核心素养培养，应围绕培养学生的自主锻炼能力展开。这就要求，在运动技能教学方面，主动探究运动技能教学规律，注重技战术教学结构化和比赛性练习，使得学生能够学以致用。第一学年，一般以学习基本技术为主，穿插限制性比赛；第二学年，注重技战术串联，穿插整体性比赛；第三学年，以比赛为主。同时，在教学过程中注重运动技能迁移的规律性，注重技术学练和体能练习融合。在健康行为方面，增加健康体育知识考试，重视开放性大课程体系的构建，将课外锻炼、体育协会、体育赛事等均纳入专项体育课程范围。在体育品德培养方面，充分挖掘专项体育课程德育价值，了解各项目体育品德培养特征，有意识地增加竞争、合作、对抗性练习，将专项化学生体育品德评价作为教学考核的重要内容，让体育回归育人本原。

[①] 季浏. 学科核心素养下中国健康体育课程模式的理论与实践——第四届全国学校体育联盟（体育教育）大会主题报告摘登[J]. 体育教学，2018，38（1）：6-9.
[②] 国务院办公厅. 国务院办公厅关于强化学校体育促进学生身心健康全面发展的意见[EB/OL]. （2016-04-21）[2022-09-22]. http://www.gov.cn/zhengce/content/2016-05/06/content_5070778.htm.

5

高中专项化体育课程改革的效果评估与分析

课程改革的效果是检验课程改革质量的重要标志，是对课程改革目标实际达成程度的重要描述。基于此，本部分通过专家经验选择法，确定了高中专项化体育课程改革的效果评估指标体系；接着，对课程改革的效果进行针对性的测评；最后，根据《上海市高中体育专项化课程改革指导意见（试行）》的预期目标，以及《"健康中国2030"规划纲要》中提出的目标任务，对上海市高中专项化体育课程改革的效果达成情况进行综合性分析，旨在通过对课程改革效果的评估，测评预定目标的达成情况，从而有利于课程改革方案的修订与完善。

5.1 评估指标体系的确定与遴选

5.1.1 评估指标体系的初步确定

高中专项化体育课程改革的效果评估指标体系确定，主要采用经验选择法和德尔菲法。经验选择法是在文献阅读、专家访问和经验借鉴的基础上，从能够反映上海市高中专项化体育课程改革的效果指标入手，按照"理论依据构建—指标确定—方案操作"的程序，初步确定评估指标体系。接着，咨询的专家根据自身知识和经验对指标进行筛选，删除一些不能客观、有效反映专项化体育课程改革效果的指标，最后保留认可的指标。

培养学科素养是新时代体育课程与教学改革的教育理念。国务院办公厅于2016年印发的《国务院办公厅关于强化学校体育促进学生身心健康全面发展的意见》中，明确将"全面提高学生体育素养"作为强化学校体育的基本原则；《上海市学校体育"十三五"规划》中,也提出了"全面评价学生体育素养水平"的指导方针。高中专项化体育课程改革遵循了《普通高中体育与健康课程标准（2017年版）》中提出的学科素养目标要求。因此,本研究课程改革的效果评估指标体系的初步确定,主要以《普通高中体育与健康课程标准（2017年版）》中提出的学科素养为依据,结合专项化体育课程特点,同时以查阅的体育课程改革效果评估的相关文献作为支撑。

体育学科核心素养包括运动能力、健康行为、体育品德3个维度[1]。运动能力的具体表现形式为体能状况、运动认知与技战术运用、体育展示与比赛。因此,将"体能""运动技能"列为一级指标,以此反映专项化学生的运动能力达成情况。健康行为的具体表现形式为体育锻炼意识与习惯、健康知识掌握与运用、情绪调控、环境适应。因此,初步将学生的"一周身体活动"情况列为重要指标,以此反映学生的健康行为。"体育品德"是指学生在体育运动中应当遵循的行为规范。因此,初步将"体育品德"列为重要指标。

高中专项化体育课程改革以某一项目为引领,通过三年一贯制学习,着力提高学生"体育兴趣",帮助学生形成和养成终身体育意识和习惯。因此,初步将"体育学习兴趣"和"情意发展"作为评估指标纳入评估指标体系中。此外,教师和学生均作为课程教学的主体,"没有教师发展就没有课程发展"[2]。因此初步将"体育教师教学行为"作为评估指标也纳入评估指标体系中。《普通高中体育与健康课程标准（2017年版）》中明确将课堂强度作为高中体育教学的重要考核指标,因此初步将"课堂身体活动水平"作为评估指标也列入指标评估体系中。鉴于学生课堂身体活动、一周身体活动均反映了学生的身体活动促进情况,本研究将以上两个指标纳入同一一级指标。

借鉴学科核心素养作为上海市高中专项化体育课程改革效果评估指标的重要依据,其适切性在于以下3个方面:①高中学科培养自身学科的核心素养,落实"立德树人"的教育方针是国家教育的理念导向,上海市高中专项化体育课程改革遵循了时代需求,与国家学科素养目标相吻合;②让体育回归教育、以体育人既是体育学科素养重要培养目标,也是高中专项化体育课程改革需要完成的重要任务;③《普通高中体育与健康课程标准（2017年版）》中明确指出:"普通高中体育与健康课程是以培养高中学生的体育与健康学科核心素养,增进学生的身

---

[1] 中华人民共和国教育部. 普通高中体育与健康课程标准（2017年版）[M]. 北京：人民教育出版社, 2018：23.
[2] 约翰·埃里奥特, 王红宇. 教师在课程发展中的作用：一个英国课程改革尚未解决的问题[J]. 外国中小学教育, 1993（4）：31-33, 40.

心健康为主要目标的课程。"本研究也着重对学生健康行为中的一周身体活动情况进行了测评。综上所述,上海市高中专项化体育课程改革遵循了国家学科素养的目标导向,以学科素养作为测评的理论依据切实可行,能够反映出专项化体育课程改革的效果特点。最终,评估指标体系初步确定 5 个一级指标,分别由体能、技能、身体活动促进、情感态度、教师教学行为组成;8 个二级指标,分别由体质测试水平、运动技能达成度、课堂身体活动、一周身体活动、情意发展、体育兴趣、体育品德、教师教学行为改变组成(表 5-1)。

表 5-1　高中专项化体育课程改革的效果初级评估指标体系一览表

一级	二级	观测点
体能	体质测试水平	学生的体能达成情况
技能	运动技能达成度	学生的运动技能达成情况
身体活动促进	课堂身体活动	学生课堂身体活动强度
	一周身体活动	学生一周身体活动情况
情感态度	情意发展	学生体育学习的内心态度与体验
	体育兴趣	学生的体育学习兴趣变化情况
	体育品德	学生的体育品德培养情况
教师教学行为	教师教学行为改变	专项教师教学行为的变化情况

5.1.2　评估指标体系的专家验证与优化

为了进一步确定评估指标体系的科学性、实践性、可操作性,确保评估指标制定的有效性,本研究通过专家咨询和论证的方式,对评估指标进行了筛选、优化。专家团队由长期从事学校体育的专家教授、课程改革小组领导、上海市及各区教研员组成(表 5-2)。

表 5-2　专家咨询情况一览表(n=9)

序号	姓名	单位	职务/职称
1	WLX	上海市教委	上海市教研员
2	ZDS	首都体育学院	教授/博导
3	WY	上海体育学院	课程改革督导组副组长
4	DCX	华东师范大学	教授/博导
5	DHY	上海体育学院	教授/博导
6	ZZH	安徽师范大学	教授

续表

序号	姓名	单位	职务/职称
7	WBL	杭州师范大学	教授
8	LL	杨浦区教委	教研员
9	CSJ	徐汇区教委	教研员

经过两轮专家咨询后,评估指标体系的确定达成了较为一致的意见(见附录7)。第一轮专家咨询的主要任务为请专家对一、二级指标进行筛选,进行打分。第二轮咨询问卷采用封闭式形式,主要任务为反馈第一轮专家咨询的结果,再进行一次指标筛选。专家指标咨询问卷的发放,主要通过电子邮件的方式进行,以此向专家展开咨询工作。第一轮专家咨询的时间为2016年11月1—25日;第二轮专家咨询的时间为2016年12月10—30日。第一轮、第二轮专家指标咨询问卷的回收率均为100%。

已有研究认为,指标入选率≥70%,可纳入指标体系;入选率为41%～69%,有待进一步咨询与研究;入选率≤40%,可考虑删除[①]。在第一轮专家咨询过程中,"体能""技能""身体活动促进""情感态度"4项一级指标入选率均在70%以上,因此可以直接纳入可选指标。"教师教学行为"一级指标和"情意发展"二级指标入选率为41%～69%,有待研究小组进一步研讨确定。同时,专家根据经验,未推荐其他指标(表5-3)。第二轮专家咨询过程中,第一轮调查指标的入选率均高于70%,因此保留第一轮的调查结果。

表5-3 第一轮与第二轮指标入选情况 ($n=9$)

一级指标	第一轮/%	第二轮/%	二级指标	第一轮/%	第二轮/%
体能	100	100	体质测试水平	100	100
技能	100	100	运动技能达成度	100	100
身体活动促进	77.8	100	课堂身体活动	77.8	100
			一周身体活动	77.8	88.9
			体育兴趣	77.8	88.9
情感态度	100	100	情意发展(删除)	55.6	
			体育品德	77.8	100
教师教学行为	66.7		教师教学行为改变	66.7	

---

① 吴建新,欧阳河,黄韬,等.专家视野中的职业教育校企合作长效机制设计——运用德尔菲专家咨询法进行的调查分析[J].现代大学教育,2014(5):74-84.

最终，咨询专家指出，课程改革的效果评估不仅体现于学生的体育学习上，作为重在过程培养的教师教学行为改变，也是课程改革效果评估的重要方面，故将此指标纳入。"情意发展"指标删除的原因，主要在于难以对"情意发展"做出明确的操作性定义，同时与体育品德的含义有相通之处，为了考虑指标体系的简洁性，最终删除"情意发展"二级指标。

5.1.3 评估指标体系的最终确定

结合专家的建议，依据《普通高中体育与健康课程标准（2017年版）》中学科素养所包含的对运动能力、健康行为、体育品德的指标要求，结合专项化体育课程特点，最终确定了上海市高中专项化体育课程改革的效果评估指标体系（图5-1）。

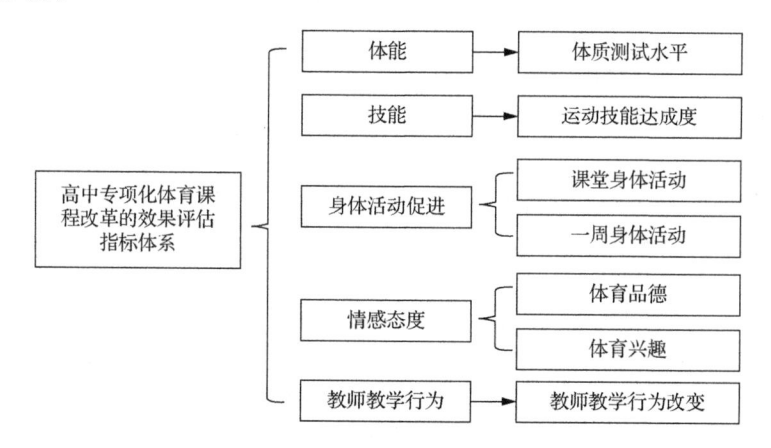

图 5-1 上海市高中专项化体育课程改革的效果评估指标体系

5.1.4 评估指标的内容、调查意向及数据来源

专项化体育课程改革的效果评估指标的内容、调查意向及数据来源如表 5-4 所示。

表 5-4 专项化体育课程改革的效果评估指标的内容、调查意向及数据来源（二级指标）

测评指标	指标内容	调查意向	数据来源
体质测试水平	学生力量、速度、耐力、灵敏性、柔韧性素质达成情况	了解专项化体育课程改革对学生体质达成情况的影响	对改革后（2017年）专项化和非专项化学生体测数据进行对比

续表

测评指标	指标内容	调查意向	数据来源
运动技能达成度	学生运动技能掌握情况	了解专项化体育课程改革对学生运动能力达成情况的影响	问卷、访谈调查,采用《青少年运动技能等级标准》对篮球、足球、网球、武术4个项目的高三专项化学生进行测试
课堂身体活动	学生课堂练习的静态、低强度、中高强度活动时间所占整堂课的比例	了解专项化体育课程改革对学生课堂身体活动水平达成情况的影响	采用三轴加速度计累计共测试专项化学生1981名、非专项化学生1015名
一周身体活动	学生一周身体活动的时间、频数、强度、形式	了解专项化体育课程改革对学生身体活动行为的达成情况的影响	采用三轴加速度计累计测试专项化学生671名、非专项化学生428名
体育品德	学生体育品德目标、内容、方法、评价制定情况	了解专项化体育课程改革对学生体育品德培养情况的影响	专项教师访谈、学生问卷调查
体育兴趣	学生体育学习兴趣培养情况	了解专项化体育课程改革对学生体育学习兴趣的培养情况的影响	采用《高中生体育学习兴趣量表》,共测量专项化学生1981名、非专项化学生1015名
教师教学行为改变	专项教师对课程改革的认知态度、课前设计行为、课中实施行为、课后评价与反思行为	了解专项化体育课程改革对专项教师的体育教学行为改变情况的影响	对137名专项教师进行访谈及问卷调查

5.2 高中专项化体育课程改革对学生体能达成的效果测评

从2007年中共中央、国务院发布的《中共中央 国务院关于加强青少年体育增强青少年体质的意见》,到2013年十八届三中全会通过的《中共中央关于全面深化改革若干重大问题的决定》中提出的"强化体育课和课外锻炼,促进青少年身心健康、体魄强健";从2012年国务院办公厅发布的《国务院办公厅转发教育部等部门关于进一步加强学校体育工作若干意见的通知》,到2016年国务院办公厅发布的《国务院办公厅关于强化学校体育促进学生身心健康全面发展的意见》,

无不显示出青少年体质健康问题越来越受到党和国家的关切。不可否认，青少年体质下降的原因是多方面的，体育教学难以扛起全部责任，但终归难辞其咎，毕竟体能是体育课程教学的重要目标。为检验上海市高中专项化体育课程改革对学生体能变化的影响，本研究首先抽取了改革前（2013 年）第一、二批专项化实施学校的学生体质测试数据，与非专项化实施学校学生的数据进行对比，观测二者学生体质整体水平是否趋于一致；然后对改革后（2018 年）专项化学生和非专项化学生的体测数据进行对比，以检验上海市高中专项化体育课程改革对学生体能的达成效果的影响。

体能也称作"体适能"，由英文 Physical Fitness 翻译而来。《普通高中体育与健康课程标准（2017 年版）》中指出，测试和评价学生体能水平主要依据《国家学生体质健康标准（2014 年修订）》进行。本研究共选取了 11 项测试指标，其中身高（m）、体重（kg）、BMI 指数（kg/m^2）作为衡量身体形态的指标；身体机能指标主要通过肺活量测量；运动素质指标主要通过 50 m 跑、坐位体前屈、立定跳远、男生引体向上、女生 1 min 仰卧起坐、男生 1000 m 跑、女生 800 m 跑来测量。

5.2.1　改革前专项化学生与非专项化学生各体能指标的结果

如表 5-5 所示，改革前专项化学生和非专项化学生除在女生肺活量方面呈现显著性差异外（$p<0.05$），其他指标的结果未产生显著性差异（$p>0.05$），说明测试对象选取基本合理，二者处在同一体能水平。

表 5-5　改革前（2013 年）专项化学生与非专项化学生各体能指标结果一览表（M±SD）

项目	性别	专项化学生	非专项化学生	p
BMI	男	21.59±3.77	21.45±3.73	0.18
	女	20.05±2.49	20.00±2.73	0.23
肺活量	男	3971.70±699.20	3971.23±618.95	0.19
	女	2730.61±532.48	2783.54±399.91*	0.00*
50 m 跑	男	7.31±0.59	7.36±0.38	0.30
	女	8.90±0.70	8.85±0.56	0.25
坐位体前屈	男	12.50±1.10	12.52±1.35	0.32
	女	16.72±1.87	16.65±1.67	0.33

续表

项目	性别	专项化学生	非专项化学生	p
立定跳远	男	231.09±19.92	231.12±29.36	0.15
	女	180.29±14.51	180.30±22.17	0.24
男生引体向上	男	3.82±0.37	3.82±0.19	0.18
女生 1 min 仰卧起坐	女	31.42±8.65	31.43±8.08	0.26
男生 1000 m 跑	男	4.13±0.49	4.14±0.45	0.31
女生 800 m 跑	女	3.99±0.31	3.95±0.38	0.21
总分	男	75.30±10.23	75.19±10.53	0.25
总分	女	77.05±10.75	77.01±10.36	0.20

* $p<0.05$ 具有显著性差异。

5.2.2 改革后专项化学生与非专项化学生各体能指标的结果

5.2.2.1 BMI

BMI 是用体重千克数除以身高米的平方数得出的值，是目前国际上常用的衡量人体肥胖程度，以及判断一个人是否健康的标准。

由表 5-6 可知，专项化学生与非专项化学生在 BMI 方面没有产生显著性差异（$p=0.49>0.05$）。改革后，男生 BMI 均值为（21.45±3.77）kg/m²，女生 BMI 均值为（20.00±2.73）kg/m²。按照世界卫生组织定下的标准，BMI 处于 16.5~23.3kg/m² 为正常区间，可见，大部分学生 BMI 处于正常范围内。

表 5-6 专项化学生与非专项化学生 BMI 变化情况一览表（$M±SD$）

项目	类别	专项化学生/（kg/m²）	非专项化学生/（kg/m²）	p（平均数=0.49）
性别	男	21.45±3.77	21.59±3.73	0.56
	女	20.00±2.73	20.00±2.49	0.43
年级	高一	20.41±3.46	20.79±3.49	0.18
	高二	20.80±3.45	20.64±3.10	0.49
	高三	20.75±3.05	20.91±3.17	0.53

5.2.2.2 肺活量成绩

肺活量是一次尽力吸气后，再尽力呼出的气体总量。肺活量与人体有氧代谢能力密切相关，用于评定身体机能具有非常强的操作性。因此，《国家学生体质健康标准（2014年修订）》选取肺活量作为唯一评价指标。

由表5-7可知，专项化与非专项化的男生肺活量未产生显著性差异（p=0.83>0.05），而女生肺活量产生显著性差异（p=0.00<0.05），说明高中专项化体育课程改革有利于提高女生的肺活量成绩。专项化男女生肺活量的均值分别为（3979.23±618.95）mL、（2983.54±399.98）mL。从年级来看，专项化体育课程改革对高一学生的肺活量产生显著性差异，而对高三学生的肺活量并未产生显著性差异（p=0.06>0.05）。总体而言，随着年级的增长，高中专项化男女生的肺活量均有所增加，这也符合了高中时期学生肺活量随着年龄增长而有所增强的趋势。

表5-7 专项化学生与非专项化学生肺活量变化情况一览表（$M\pm SD$）

项目	类别	专项化学生/mL	非专项化学生/mL	p（平均数=0.03）
性别	男	3979.23±618.95	3988.70±699.20	0.83
	女	2983.54±399.98	2830.61±532.48*	0.00*
年级	高一	3386.54±680.53	3172.82±771.00*	0.00*
	高二	3507.12±712.25	3392.57±885.47	0.06
	高三	3502.89±761.06	3506.37±831.27	0.06

*（p<0.05）vs 专项化。

5.2.2.3 50 m 跑成绩

由表5-8可知，专项化学生与非专项化学生50 m跑的速度素质产生显著性差异（p<0.01），专项化男女生的成绩均值分别为（7.30±0.58）s、（8.70±0.51）s。从年级来看，对高一到高三学生体质测试成绩对比发现，速度素质趋于稳定。高一、高二、高三学生的速度素质未产生显著性差异（p>0.05），这与高中学生的生长情况不符，说明专项化学生的速度素质仍有较大的提升空间。

表5-8 专项化学生与非专项化学生50 m跑成绩变化情况一览表（$M\pm SD$）

项目	类别	专项化学生/s	非专项化学生/s	p
性别	男	7.30±0.58	7.50±0.59*	0.00*
	女	8.70±0.51	9.05±0.70*	0.00*
年级	高一	8.26±0.92	8.19±0.96	0.30
	高二	8.05±0.82	8.44±1.15*	0.00*
	高三	7.69±0.90	8.19±0.96*	0.00*

*（p<0.05）vs 专项化。

5.2.2.4 坐位体前屈成绩

坐位体前屈是一项反映柔韧素质好坏的重要指标,主要反映各个关节、韧带、肌肉的伸展性和弹性及身体柔韧素质的发展水平。

由表5-9可知,专项化学生与非专项化学生坐位体前屈的成绩未产生显著性差异(p=0.08>0.05),大部分学生成绩反而出现一定程度的下降。专项化男女生的均值分别为(13.38±1.30)cm、(17.31±1.67)cm,男生成绩换算得分较低,大约为7.6分,尚未达到良好。从年级来看,专项化体育课程改革后,学生坐位体前屈的成绩未随着年级的增长产生显著性变化(p>0.05)。

表5-9 专项化学生与非专项化学生坐位体前屈成绩变化一览表（M±SD）

项目	类别	专项化学生/cm	非专项化学生/cm	p（平均数=0.88）
性别	男	13.38±1.30	13.60±1.10	0.06
	女	17.31±1.67	17.22±1.80	0.81
年级	高一	16.53±1.02	16.57±1.38	0.53
	高二	15.60±1.13	15.91±1.98*	0.01*
	高三	13.91±1.77	13.75±1.31	0.94

*（p<0.05）vs 专项化。

5.2.2.5 立定跳远成绩

由表5-10可知,专项化学生与非专项化学生立定跳远的成绩未产生显著性差异(p=0.08>0.05)。二者男生成绩的均值分别为(230.52±29.32)cm、(231.09±19.92)cm,女生的成绩均值分别为(180.26±62.17)cm、(180.29±14.51)cm,成绩换算得分均在8分左右,处于良好区间。从不同年级来看,学生立定跳远成绩未随着年级的增长呈现显著性变化。

表5-10 专项化学生与非专项化学生立定跳远成绩变化一览表（M±SD）

项目	类别	专项化学生/cm	非专项化学生/cm	p（平均数=0.88）
性别	男	230.52±29.32	231.09±19.92	0.15
	女	180.26±62.17	180.29±14.51	0.37
年级	高一	205.04±29.78	205.79±26.12	0.06
	高二	204.55±33.41	204.99±33.56	0.06
	高三	203.15±92.51	203.82±31.84	0.51

5.2.2.6　男生引体向上、女生 1min 仰卧起坐成绩

引体向上、1min 仰卧起坐是反映学生力量素质的重要指标。近年来，中学生力量素质下降问题屡见报端，成为亟须解决的社会性难题。

由表 5-11、表 5-12 可以看出，专项化学生与非专项化学生引体向上和 1min 仰卧起坐的成绩均产生显著性差异（p=0.00<0.05），说明高中专项化体育课程改革提高了学生的力量素质。专项化改革后，男生引体向上、女生 1min 仰卧起坐的成绩均有所提高，二者成绩的均值分别为（4.89±0.64）个、（41.12±8.08）个，但是达到优秀的人数较少，尤其是男生引体向上成绩距离良好或者优秀仍有一定距离。从年级来看，随着年级的增长，男生的引体向上和女生仰卧起坐成绩反而有所下降，这可能与中考体育加试存在一定关系。作为中考必考项目，刚刚迈入高一的学生在经历了中学体育加试之后，成绩依然保持较好。

表 5-11　专项化学生与非专项化学生引体向上变化情况一览表（$M±SD$）

年级	专项化学生/个	非专项化学生/个	p
高一	4.74±0.25	3.52±0.36*	0.00
高二	5.08±0.93	3.93±0.35*	0.01
高三	4.82±0.84	4.02±0.12*	0.03

*（p<0.05）vs 专项化。

表 5-12　专项化学生与非专项化学生 1min 仰卧起坐变化情况一览表（$M±SD$）

年级	专项化学生/个	非专项化学生/个	p
高一	43.19±8.87	34.11±19.14*	0.00
高二	40.93±8.43	34.21±20.73*	0.00
高三	38.54±7.70	32.15±18.97*	0.03

*（p<0.05）vs 专项化。

5.2.2.7　男生 1000 m 跑、女生 800 m 跑成绩

女生 800 m 跑、男生 1000 m 跑是耐力素质的重要体现，反映学生的心肺功能。耐力素质的提高，总是伴随着心血管系统等功能的提高，以及有氧代谢能力的改善[①]。

---

① 田麦久. 运动训练学[M]. 2 版. 北京：高等教育出版社，2017：92-93.

由表 5-13 可知，专项化学生与非专项化学生耐力素质产生显著性差异（$p=0.00<0.05$），二者耐力跑成绩的均值分别为（4.12±0.46）min、（3.86±0.32）min，总体成绩呈现一定程度的提高。从年级来看，随着年级的增长，无论是专项化学生还是非专项化学生，成绩均出现一定程度下降。可见，高二、高三学生耐力成绩仍然具有很大的提升空间。

表 5-13 专项化学生与非专项化学生耐力跑成绩变化情况一览表（$M±SD$）

项目	类别	专项化学生/min	非专项化学生/min	p
性别	男	3.97±0.31	4.19±0.49	0.00
	女	3.93±0.32	4.11±0.43	0.00
年级	高一	3.82±0.33	3.99±0.48	0.00
	高二	3.87±0.31	4.18±0.48	0.00
	高三	3.87±0.31	4.07±0.41	0.00

5.2.2.8 综合得分

由表 5-14 可知，专项化学生与非专项化学生在体能总体得分方面呈现显著性差异（$p=0.00<0.05$）。二者体能平均得分分别为 80.03 分和 78.50 分，改革后专项化学生体能总分有所提高。在年级层面上，随着年级增长，无论是专项化学生，还是非专项化学生，得分均呈现一定程度的下降，高一年级得分最高，高三年级得分最低。在性别层面上，专项化改革后男生体能得分未呈现显著性差异（$p=0.13>0.05$），而女生得分呈现显著性差异（$p=0.00<0.05$）。由以上数据可知，高中专项化体育课程改革有利于提高学生的体能成绩。

表 5-14 专项化学生与非专项化学生体能变化情况一览表（$M±SD$）

项目	类别	专项化学生/分	非专项化学生/分	p
性别	男	77.80±11.78	77.50±11.23	0.13
	女	82.25±10.05	79.50±10.10	0.00*
年级	高一	81.20±12.15	79.80±9.57	0.00*
	高二	80.50±9.13	78.60±8.90	0.00*
	高三	78.36±8.56	77.10±9.12	0.00*

*（$p<0.05$）vs 专项化。

5.2.3 上海市专项化体育课程改革后学生体能达成效果的综合性分析

上海市高中专项化体育课程改革后,相对于非专项化学生而言,专项化学生体能总体得分呈现上升趋势。可见,高中专项化体育课程改革对学生体能的影响是明显的。专项化体育课程改革对女生体能影响较为显著,这与前期相关作者的研究结论一致,即高中专项化体育课程改革,使得女生运动参与意识向积极方向发展,参与积极性明显提高[①]。随着年级的增长,专项化学生与非专项化学生的体能总体得分并未随着年龄增长而有所增高,高一年级得分最高,高二、高三年级得分逐渐降低,这可能与中考体育加试有关,而高三学生因为高考,削减了体育课和平常运动的时间。自 2008 年起,上海市中考加入体育项目的考试,分值为 30 分。可见,在学生体质普遍下降背景下,体育加试虽然治标不治本,但是起到了非常重要的强制性作用。

上海市高中专项化体育课程改革后,学生柔韧性并未产生显著性差异,力量、速度、耐力素质产生显著性差异。速度素质和力量素质有所提高,特别是男生引体向上、女生 1 min 仰卧起坐的成绩有所提高,但成绩并不是很理想。建议在今后的专项化体育课程教学中,加强此项的练习。BMI 作为衡量身体形态的重要指标。研究结果显示,专项化改革后,学生 BMI 没有发生显著性变化。究其原因,有两个方面。一方面,在高中生阶段,学生处于后青春期,身高、体重增长速度和各器官的生长发育速度逐渐缓慢下来;另一方面,学生开始意识到控制自身体重对于健康及形态的重要性。总之,上海市高中专项化体育课程改革后,学生体能总体得分有所提高,女生的身体机能,男女生的力量、速度、耐力素质均产生显著性差异,但男女生的身体形态、男生的身体机能并未产生显著性差异。此外,随着年级的增长,学生身体素质并未呈现出增强的趋势。建议在以后的专项化体育课程教学中,针对不同性别、年级学生,制定个性化的体育教学方案。

[①] 徐梦琴. 体育专项化教学对高中女生运动参与的影响研究——以上海市嘉定区两所高中为例[J]. 青少年体育,2017(10):132-133,56.

5.3 高中专项化体育课程改革对学生运动技能达成的效果测评

运动技能（Motor Skill）是指人体运动中掌握和有效地完成专门动作的一种能力，是体育课程中的操作性知识。刘清黎[①]认为运动技术带有客观标准，当它被个体熟悉和掌握时，就被称为运动技能。中共中央、国务院印发的《"健康中国2030"规划纲要》和国务院办公厅印发的《国务院办公厅关于强化学校体育促进学生身心健康全面发展的意见》中，明确提出要以运动技能培养为先导，提高学生运动水平。然而，面对"学生学了14年的体育课，大约1260学时的学习，没有掌握一项运动技能"的质疑，作为以运动技能教学为主体的上海市高中专项化体育课程，旨在帮助学生通过特长技术的培养，形成终身体育的意识与习惯。那么，专项化学生经过3年的体育学习后，学生运动技能达成的真正效果如何呢？是否达到真正掌握、有效应用到比赛中的程度？本研究采用上海体育学院研发的《青少年运动技能等级标准》中的三级标准进行测试，辅助教师、学生问卷调查访谈，测评高中专项化体育课程改革对学生的运动技能达成情况的影响。

5.3.1 专项化学生运动技能达成情况的问卷调查

在撰写本书的过程中，笔者跟随上海市高中专项化体育课程改革督导组，对137名一线的专项化体育教师进行了访谈及问卷调查，问卷调查的内容为："您认为专项化体育课程改革后，学生运动技能掌握程度与以前相比显著吗？"调查结果如表5-15所示。

表5-15 专项化体育课程改革后教师认为学生运动技能掌握情况一览表

掌握情况	频数	百分比/%
显著	39	28.3
非常显著	52	38.4
一般	28	20.3
不太显著	13	9.4
非常不显著	5	3.6

---

① 刘清黎. 体育教育学[M]. 北京：高等教育出版社，1994：220-223.

由表 5-15 可知，66.7%的专项化体育教师认为，高中专项化体育课程改革后，学生运动技能掌握情况与以前相比变化显著，20.3%的教师认为与以前相比变化一般，仅有 13.0%的教师认为变化不显著。可见，大部分专项体育教师对高中专项化体育课程改革促进学生运动技能掌握情况持肯定态度。

5.3.2 专项化学生运动技能达成情况的实地测量

为充分了解学生运动技能掌握情况，笔者采用《青少年运动技能等级标准》中的三级标准（入门级），随机选取了第一、二批专项化试点学校和非专项化试点学校的高三学生进行了实地测试。

项目A：足球项目运动技能掌握情况的实地测量

1. 测试科目

科目：快速运球、短距离传接球、运球过障碍、射门。

|测试方法及要求|

1）被测试者将球放在起点线上，举手与考官确认测试可以开始后，运球向前滚动，球离开起点线的瞬间计时开始。

要求：测试开始前，被测试者身体的任何部位不能越过起点线。

2）快速直线运球至短传区内，在短传区域将球传向木板墙1或2，完成短距离传接球。

要求：被测试者必须从短传区进口处进入；传出去的球没有接触到木板墙的（踢飞），此次测试即告失败。木板墙反弹球停在板墙与短传区之间的，应该将球带回短传区，重新完成传接球。

3）接木板墙1或2反弹回来的球，运球向前出短传区出口，从①号标志杆任何一侧开始连续绕杆运球。

要求：被测试者必须从短传区出口处运球穿出，不得漏标、撞杆；否则应将球运回，从出错处继续开始。

4）完成运球绕杆后，在罚球区线前将球射向球门区。

要求：球的整体越过球线的瞬间计时停表，此次测试结束；球从球门门框内侧反弹进球门内的,成绩有效;球直接踢出球门外的(踢飞),或击中球门门框弹回场地内或场地外的,成绩无效。

|场地布置|

短传区出口距①号标志杆 4 m,①和②、②和③、③和④、④和⑤、⑤和⑥标志杆之间的距离分别为 1 m、3 m、1 m、3 m、1 m(图 5-2)。

|达标标准|

男生需在 9 s 以内完成,女生需在 12 s 以内完成。

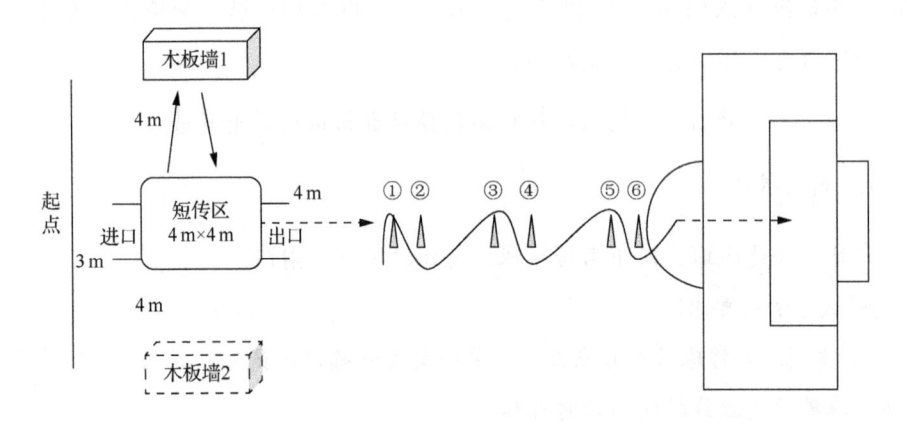

图 5-2 测试场地示意图

2. 测试结果

由表 5-16 可知,分别有 65.3%、38.2% 的高三专项化学生和非专项化学生达到足球运动运动技能等级三级,专项化学生与非专项化学生相比呈现显著性差异(p=0.00<0.01)。由此可知,高中专项化体育课程改革对学生足球运动技能的达成是有显著成效的。然而美中不足的是,仍然有 34.7% 的专项化学生未达到运动技能等级三级。

表 5-16 专项化学生与非专项化学生"足球运动技能等级三级"达标情况一览表

项目	专项化学生	非专项化学生	p
数量	365	205	0.00*
百分比/%	65.3	38.2	0.00*

*(p<0.01) vs 改革前。

项目B：篮球项目运动技能掌握情况的实地测量

1. 测试科目

科目：体前变向跑篮。

|测试方法|

1）听到考官计时哨声后，被测试者从右侧中线后出发，左手运球至2号障碍物做体前变向。

2）右手运球跑篮，如跑篮未进，需补篮，直到投进为止。

3）抢到篮板球后，右手运球跑至左侧中线，转身后右手运球至2号障碍物做体前变向。

4）左手运球跑篮，如跑篮未进，需补篮，直到投进为止。

5）抢到篮板球后，运球冲过起点。考官计时结束，完成测试。

|测试要求|

被测试者必须按照规定的测试路线（图 5-3）完成，补篮时无左右手限制，投篮时高低手均可。

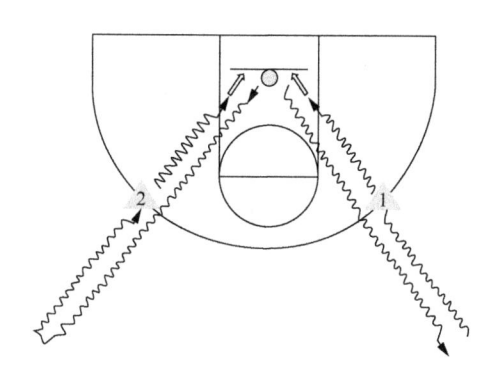

图 5-3 测试路线图

2. 测试结果

由表 5-17 可知，分别有 76.0%、56.8% 的高三专项化与非专项化学生达到篮球运动技能等级三级，二者呈现显著性差异（$p=0.00<0.01$）。考察发现，就单纯掌握某一项运动技能而言，专项化试点学校学生明显好于非专项化试点学校学生。

但是，运动技能等级三级只是入门级，学生是否达到熟练掌握且能自主参加比赛的程度仍然有待科学验证。

表 5-17　专项化学生与非专项化学生"篮球运动技能等级三级"达标情况一览表

项目	专项化学生	非专项化学生	p
数量	425	305	0.00*
百分比/%	76.0	56.8	0.00*

*（$p<0.01$）vs 改革前。

项目 C：网球项目运动技能掌握情况的实地测量

1. 测试科目一

科目：底线定点击落地球。

|测试方法|

助考站在发球线 T 字线后下手隔网定点送球，被测试者站于发球线 3m 后终点处，首先击 5 个正手落地球，然后击 5 个反手落地球，共 10 球，击球过网至单打有效区域为有效击球。

|测试要求|

反手位击球不可侧身用正手。

|评分方法|

记录被测试者有效击球次数，正、反手合计有效击球≥6 球，该科目为合格。

|要点说明|

1）凌空回击球为无效击球。

2）回击球落点在单打区域内为有效击球。

2. 测试科目二

科目：下手发球。

|测试方法及要求|

被测试者按照网球竞赛规定的单打发球站位，运用下手方式发球，发球顺序为 1 区 6 球、2 区 6 球，共 12 球，发球至有效区域为有效击球，球擦网则判为重

发。测试总时长不得超过 2 min。

要求：超出 2 min 终止测试。只记录 2 min 完成的有效击球。

|评分方法|

记录被测试者在规定时间内完成的有效发球次数，1 区、2 区合计有效击球≥8 球，该科目为合格。

|要点说明|

1）站在短线后，中点与单打边线假定延长线之间。出现网球竞赛规则所定义的"脚误"，该球不计成绩。

2）必须采用凌空击球方式，上手、下手发球均可使用。球落地后再击球为发球失误。

3）球没有发到规定区域及发错区均为发球失误，不计成绩。

3. 测试结果

由表 5-18 可知，分别有 71.4%、54.9% 的高三专项化和非专项化学生达到网球运动技能等级三级，二者呈现显著性差异（$p<0.01$）。相对于篮球运动项目而言，网球专项化学生达到运动技能等级三级的比例有所降低。

表 5-18 专项化学生与非专项化学生"网球运动技能等级三级"达标情况一览表

项目	专项化学生	非专项化学生	p
数量	399	295	0.00*
百分比/%	71.4	54.9	0.00*

*（$p<0.05$）vs 专项化。

项目 D：武术项目运动技能掌握情况的实地测量

1. 测试科目

科目：少林八步连环掌

|评分方法|

考官根据被测试者现场表现进行评分，达到或者超过 7.8 分者为合格。

|动作图示|

测试示意图如图 5-4 所示。

图 5-4　测试示意图

2. 测试结果

由表 5-19 可知，分别有 67.1%、56.2%的高三专项化和非专项化学生达到武术运动技能等级三级，二者呈现显著性差异（p=0.00<0.01）。可见，高中专项化体育课程改革对武术项目学生运动技能的达成是有显著成效的，但达到运动技能等级三级的比例有待提高。

表 5-19 专项化学生与非专项化学生"武术运动技能等级三级"达标情况一览表

项目	专项化学生	非专项化学生	p
数量	375	302	0.00*
百分比/%	67.1	56.2	0.00*

*（p<0.05）vs 专项化。

5.3.3 专项化体育课程改革对学生运动技能达成效果的综合性分析

综上所述，无论是对专项教师的问卷调查访谈，还是实证测量，结果均证明，专项化体育课程改革有效提高了学生的运动技能。专项化体育课程作为以运动技能教学为主体的课程模式，使运动技能教学的主体价值得到了充分体现。此结果也符合上海市高中专项化体育课程改革的初衷，即专项化体育课程使学生能够学其所喜欢的，教师能教其擅长的，经过3年的专项化体育课程学习，尽可能帮助学生掌握一项以上运动技能。这种课程模式在理论层面上也得到了许多业界专家的认可。毛振明和杨多多[1]曾经提出，"走班制"教学形式是现行课程体系下有效实现"熟练掌握一项以上体育运动技能"的有效课程模式。但是测评结果证明，不同学校、项目间学生运动技能掌握程度差距较大。通过对专项教师的访谈，也得出了相似的结果。

根据对一位专项化学校体育组长的访谈得知：通过专项化体育课程教学，不同项目、不同学校，学生之间差异较大。在球类项目中，篮球、羽毛球、乒乓球掌握技术程度高一点，而排球等技术含量高的项目，掌握程度低一点。例如，排球项目，大部分学生在掌握基本技战术的情况下，经过3年的专项化学习，基本能够达到下手罚球+传球、垫球隔网比赛的程度。但是，距离隔网传扣球比赛的程度，仍然具有一定差距。

根据以上测评及访谈结果可知，虽然专项化体育课程改革实施以来，学生运动技能掌握情况有所提高，但部分项目学生运动技能掌握效果不是很理想，如足球、武术仍有30%以上的学生未达到运动技能等级三级（入门级）。

---

[1] 毛振明，杨多多.《"健康中国2030"规划纲要》与学校体育改革施策（一）——目标：青少年熟练掌握一项以上体育运动技能[J]. 武汉体育学院学报，2018, 52（2）：5-10.

5.4 高中专项化体育课程改革对学生课堂身体活动水平达成的效果测评

身体活动（Physical Activity，PA）是指由骨骼肌收缩引起的，使机体能量消耗增加的一切身体运动[①]。身体活动不足会影响儿童青少年身体健康，已成为大众的共识。大量研究证实，经常参加中高强度的身体活动，对学生身体健康的促进效果更佳。那么，上海市高中专项化体育课程改革后，课堂中高强度身体活动水平是否有所提高？是否能够达到国际要求的50%推荐量[②]？以及如何在保持技术学习的同时，有效提高课堂身体活动水平？基于以上一连串的问题，采用三轴加速度计，通过多阶段分层抽样法，对上海市高中专项化和非专项化学生的课堂身体活动水平进行测试，以期从中发现问题、寻找经验，旨在提高专项化学生的课堂身体活动水平。

5.4.1 专项化学生与非专项化学生体育课堂身体活动水平的总体比较

体育教学以身体活动为中心，运动负荷（包括运动强度和运动量）是实现体育教学目标的重要因素[③]。上海市高中专项化体育课程采用 80 min 授课制，与之前的 40 min 相比，学生运动时间更加充沛，但对如何保持较高的课堂身体活动水平提出挑战。

由图 5-5 可知，专项班中高强度身体活动时间百分比并未高于非专项班，分别为 21.7%和 23.7%，远远没有达到 *Healthy People 2010*（《健康国民 2010》）建议的每堂课 50%中高强度身体活动时间的推荐量[②]。然而，专项班静态身体活动时间百分比明显低于非专项班，分别为 41.7%和 47%。说明在一堂 80 min 的专项体育课中，仍然有 33 min 左右的时间为无身体活动时间。经独立样本 T 检验发现，专项班学生和非专项班学生课堂的静态身体活动时间和低强度身体活动时间百分比均呈现显著性差异（$p<0.05$）。

[①] CASPERSEN C L, POWELL K E, CHRISTENSON G M. Physical activity, exercise, and physical fitness: Definitions and distinctions for health-related research[J]. Public health reports, 1985, 100(2): 126-130.

[②] US DEPARTMENT OF HEALTH AND HUMAN SERVICES. Healthy People 2010[M]. 2nd ed. Washington, DC: US Government Printing Office, 2000: 12.

[③] 毛振明，赖天德. 如何看待体育课的运动负荷[J]. 中国学校体育，2006（11）：28-31.

5 高中专项化体育课程改革的效果评估与分析

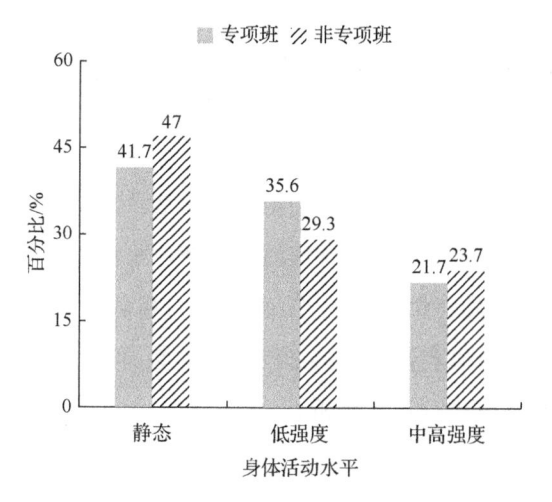

图 5-5 专项班学生与非专项班学生课堂身体活动水平的总体比较

5.4.2 不同项目间专项化学生与非专项化学生课堂身体活动水平的比较

由图 5-6 可知，在静态身体活动时间方面，专项班所占时间仍然整体较高，如武术、排球、羽毛球、健美操静态身体活动时间占比达到 50% 以上，非专项班静态身体活动时间占比为 47%。不同项目间专项班中高强度身体活动水平呈现出显著性差异（$p<0.05$），中高强度身体活动水平所占课堂百分比排在前四位的分别为篮球、足球、乒乓球、羽毛球，分别占 32.3%、27.1%、23.3%、23.1%。非专项班中高强度身体活动时间占比为 23.7%。

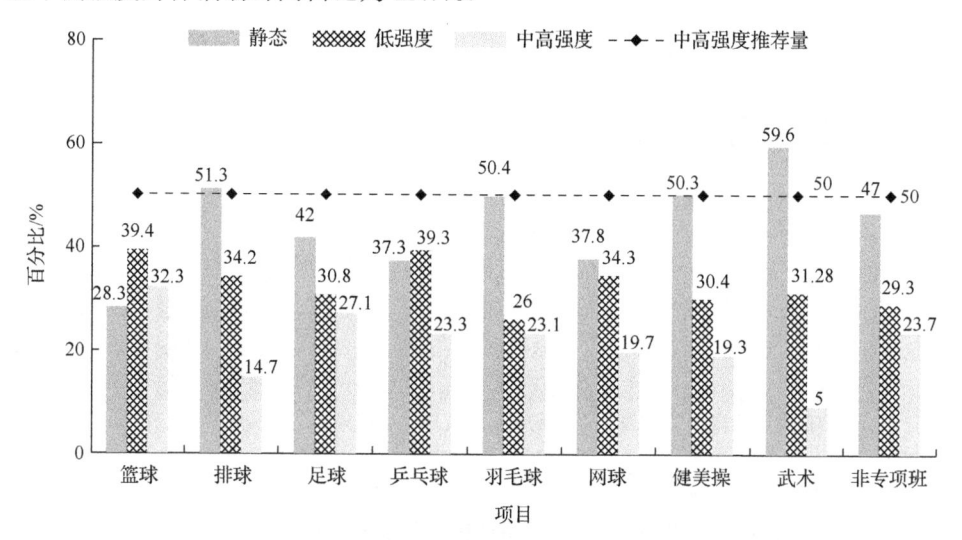

图 5-6 不同项目专项化体育课程身体活动强度特征

5.4.3 不同项目间专项化学生与非专项化学生基本部分身体活动水平的比较

基本部分以运动技术学练为中心，是体育课堂教学的主体部分，一般占课堂时间的 70%左右。通过基本部分的身体活动测评，可以有效判断学生在运动技能学习过程中的身体活动变化情况。采用加速度计分析软件（ActiLife 6.5），减去高中专项体育课开始部分和准备部分共 20 min、结束部分 5 min，对课堂基本部分（55 min）身体活动水平进行计算分析。

如图 5-7 所示，专项化体育课程基本部分中高强度身体活动时间与整堂课中高强度身体活动时间相比明显减少，平均为（15.8±7.5）%。可见，在学生运动技术学练过程中，身体活动水平明显降低。排在前三位的分别为篮球、足球、羽毛球，分别占（26.3±10.1）%、（21.4±6.6）%、（21.9±9.7）%，计 21.04 min、17.12 min、17.52 min。所测 8 个项目静态身体活动时间，所占课堂基本部分百分比均较高，达到 40%以上。其中，武术项目静态身体活动时间所占百分比最高，达到 73.3%。

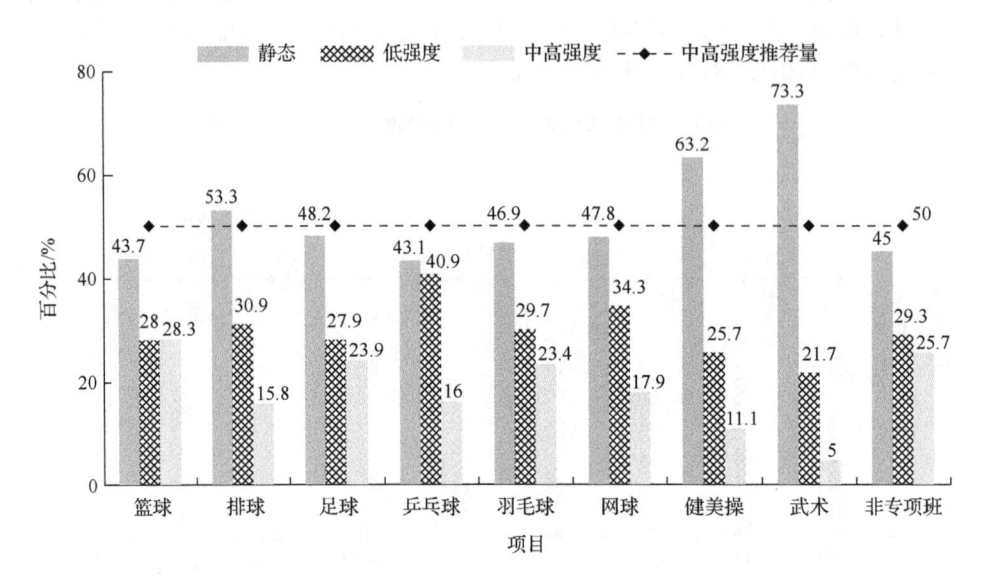

图 5-7 不同项目专项化体育课程基本部分身体活动强度特征

5.4.4 不同性别专项化学生与非专项化学生课堂身体活动水平的比较

由表 5-20 可知，无论是中高强度身体活动百分比，还是平均身体活动强度百分比，专项班男女生均高于非专项班，经独立样本 T 检验后发现，二者呈现显著性差异（$p<0.05$）。其中，专项班男生中高强度身体活动水平明显好于女生。

表 5-20 不同性别间专项班与非专项班体育课堂身体活动水平对比/%

身体活动水平	专项班（男） $M±SD$	非专项班（男） $M±SD$	专项班（女） $M±SD$	非专项班（女） $M±SD$
静态身体活动水平	42.6+8.5*	54.9±9.1	45.7±14.4	45.2±7.2
低强度身体活动水平	34.2±7.1*	22.3±6.7	32.3±6.4	30.9±6.3
中高强度身体活动水平	32.8±13.5*	22.6±6.6	27.0±15.6*	24.0±3.6

*（$p<0.05$）vs 非专项班。

5.4.5 不同年级专项化学生与非专项化学生课堂身体活动水平的比较

由表 5-21 可知，不同年级间，高一、高三专项化学生与非专项化学生相比，呈现出显著性差异（$p<0.05$）。专项班学生中高强度身体活动水平随着年级的增长而提高，但总体提高幅度不大，未呈现显著性差异（$p>0.05$）。可见，随着学生运动技能的提高，专项化学生课堂的身体活动水平是逐步提高的。非专项班学生中高强度身体活动水平，不同年级间变化幅度较小，高二学生中高强度身体活动水平最高，所占课堂比例为（23.1±3.7）%。

表 5-21 不同年级间专项班与非专项班学生身体活动水平对比/%

身体活动水平	专项班（高一） $M±SD$	非专项班（高一） $M±SD$	专项班（高二） $M±SD$	非专项班（高二） $M±SD$	专项班（高三） $M±SD$	非专项班（高三） $M±SD$
静态身体活动水平	44.9±16.0*	58.2±4.4	44.1±15.0	42.8±5.0	45.0±13.5*	58.2±4.2
低强度身体活动水平	36.9±12.5*	20.6±1.8	32.9±10.7	32.5±4.8	29.6±6.5*	20.6±1.7
中高强度身体活动水平	18.2±10.5*	21.1±4.2	22.8±10.8	23.1±3.7	25.4±11.3*	21.0±4.1

*（$p<0.05$）vs 非专项班。

5.4.6 不同肥胖程度专项化学生与非专项化学生课堂身体活动水平的比较

为了深入研究不同肥胖程度间专项班学生与非专项班学生的身体活动强度特征，根据中国肥胖问题工作组和季成叶撰写的《中国学龄儿童青少年超重、肥胖筛查体重指数值分类标准》一文，按 BMI 值对研究对象的肥胖程度进行了划分（BMI<18.5 表示体重过低，18.5≤BMI<24 表示体重正常，24≤BMI<28 表示超重，28≤BMI 表示肥胖），并得出不同肥胖程度的专项班学生和非专项班学生身体活动强度特征。

由表 5-22 可知，从 BMI 来看，超重、肥胖的专项化学生与非专项化学生课堂身体活动水平呈现显著性差异（$p<0.05$）。体重过低、体重正常、超重、肥胖专项化学生的中高强度身体活动水平，分别占（25.7±4.1）%、（21.1±10.3）%、（20.8±5.6）%、（20.6±7.3）%。可见，超重、肥胖专项化学生课堂身体活动水平并不低。

表 5-22 不同肥胖程度专项班与非专项班学生身体活动水平对比/%

身体活动水平	体重过低 专项班	体重过低 非专项	体重正常 专项班	体重正常 非专项	超重 专项班	超重 非专项	肥胖 专项班	肥胖 非专项
	M±SD	M±SD	M±SD	M±SD	M±SD	M±SD	M±SD	M±SD
静态身体活动水平	45.0±8.4	46.3±8.4*	50.2±16.1	50.1±16.4	60.3±5.9	60.5±5.2	56.5±5.9	56.3±5.7
低强度身体活动水平	29.3±6.5	29.3±6.7	28.7±12.2	28.8±12.5	18.9±3.9	29.7±3.9*	22.9±3.9	24.1±3.9*
中高强度身体活动水平	25.7±4.1	24.4±4.3*	21.1±10.3	21.1±10.3	20.8±5.6*	19.8±5.3	20.6±7.3*	19.6±6.6*

*（$p<0.05$）vs 非专项班。

5.4.7 高中专项化体育课程改革对学生课堂身体活动水平达成的综合性分析

上海市高中专项化体育课程改革之后，专项化学生课堂静态练习时间较多，武术、排球、羽毛球、健美操静态身体活动时间占比达到 50% 以上；中高强度身体活动时间明显不足，占 21.7%，尚未达到 Healthy People 2010（《健康国民 2010》）

规定的推荐量标准。通过对上海市高中专项化体育课程身体活动水平进行测试发现，一堂专项体育课的主体部分，即技术教学部分中高强度身体活动水平非常低，平均为15.8%，8个项目基本部分静态身体活动时间均达到40%以上，无身体活动时间占比较多。这在一定程度上验证了一些学者所提出的"技术练习的过程，反而是身体活动水平较低的过程"[1]。不同性别、年级、BMI专项化学生的课堂中高强度身体活动水平差异较大。高三年级学生最高，女生课堂中高强度身体活动水平明显较低。超重、肥胖学生课堂身体活动水平并不低，这可能与专项化体育课程改革后，随着教师的引导，肥胖人群开始意识到体育锻炼对健康的重要性，从而进行主动锻炼有关。因此，使部分不喜欢运动的学生有效进行科学锻炼，仍然是将来努力的方向。

5.5 高中专项化体育课程改革对学生一周身体活动情况的达成效果测评

身体活动的益处已被大众所认知。本部分旨在通过对学生一周身体活动的测评，了解学生身体活动行为变化情况。2006年12月，教育部、国家体育总局、共青团中央发布的《教育部 国家体育总局 共青团中央关于开展全国亿万学生阳光体育运动的通知》中第一次明确提出，"保证学生平均每个学习日有一小时体育锻炼时间"的要求。《中国儿童青少年身体活动指南》中提出，儿童青少年每天至少应达到60 min的中高强度身体活动水平的要求[2]。事与愿违，众多研究指出，国内儿童青少年的中高强度身体活动水平与此标准仍有一定差距[3][4]。2009年，上海市某研究机构通过对全国11个城市儿童青少年（9~17岁）进行身体活动追踪测评，提出我国青少年每日不少于35 min中高强度身体活动的推荐量[5]。2016年10月25日，中共中央、国务院印发了《"健康中国2030"规划纲要》，建议青少年每周参与中等

---

[1] KHODAVERDI Z, BAHRAM A, STODDEN D, et al. The relationship between actual motor competence and physical activity in children: Mediating roles of perceived motor competence and health-related physical fitness[J]. J sports sci, 2016, 34(16): 1523-1529.

[2] 平萍.《中国儿童青少年身体活动指南》出炉[EB/OL].（2018-02-01）[2022-09-22]. http://sports.people.com.cn/n1/2018/0201/c412458-29799820.html.

[3] LOGAN S W, WEBSTER E K, GETCHELL N, et al. Relationship between fundamental motor skill competence and physical activity during childhood and adolescence: A systematic review[J]. Kinesiology review, 2015, 4 (4): 416-426.

[4] O'BRIEN W, BELTON S, ISSARTEL J. The relationship between adolescents' physical activity, fundamental movement skills and weight status[J]. J sports sci, 2016, 34 (12): 1159-1167.

[5] 王超. 中国儿童青少年日常体力活动推荐量研究[D]. 上海：上海体育学院，2013.

强度的体育活动次数为 3 次以上。本研究以此为标准，采用三轴加速度计，对上海市高中专项化和非专项化学生进行一周的身体活动测试，并对学生平均每天中高强度身体活动数据进行截取整理，以期了解学生一周身体活动情况。

5.5.1 专项化学生与非专项化学生平均每天中高强度身体活动时间的比较

由表 5-23 可知，专项化学生与非专项化学生平均每天的中高强度身体活动水平，除了在体育课日和上学日呈现出显著性差异（$p<0.05$），其他未呈现显著性差异。上海市高中专项化学生在进行测试的一周中，平均每天中高强度身体活动时间为 25.2 min（$SD=10.9$），非专项化学生为 24.9 min（$SD=9.6$），均没有达到国内提出的每天 35 min 的中高强度身体活动时间推荐量。4 种类型的平均每天中高强度身体活动时间，专项化学生和非专项化学生均呈现出"体育课日>上学日>非体育课日>休息日"的特征。其中，在体育课日专项化学生中高强度身体活动水平最高，达到 35.9 min（$SD=15.5$）。

表 5-23　专项化学生与非专项化学生平均每天中高强度身体活动时间一览表

天数类型	专项化学生/min	非专项化学生/min
平均每天	25.2±10.9	24.9±9.6
休息日	21.7±14.9[a]	20.9±12.3[a]
上学日	28.9±10.9	27.5±10.3*
非体育课日	24.7±10.8[b]	24.2±9.3[b]
体育课日	35.9±15.5	28.7±9.7*

a 上学日 vs 休息日。
b 体育课日 vs 非体育课日。
* $p<0.05$ vs 非专项班。

5.5.2 专项化学生与非专项化学生中高强度身体活动周频次的比较

身体活动周频次是指个体每周参与体育运动达到的次数，一般以每周体育运动的场、节、次数表示。本研究以每日不少于 35 min 中高强度身体活动，每周达到中等强度体育活动的次数为 3 次以上为国内推荐量，按照加速度计数据截取的结果，将学生一周中达到 35 min 中高强度身体活动的次数，按照"1 次以下""1~2 次""3 次及 3 次以上"进行了统计（表 5-24）。

由表 5-24 可知，专项化体育课程改革对学生身体活动周频次的影响显著（$X^2=49.11$，$p<0.01$），改革后专项化学生的身体活动周频次有所增加。然而，整体而言，无论是专项化学生还是非专项化学生，中高强度身体活动周频次（每天累计 35 min）大部分都为每周 1~2 次，仅有 30.5%的专项化学生达到每周 3 次以上（每天累计 35 min）的推荐量，27.5%的非专项化学生达到每周 3 次以上（每天累计 35 min）的推荐量。可见，大部分学生中高强度身体活动频次距离国内推荐量相距甚远。

表 5-24 专项化学生与非专项化学生每周中高强度身体活动达到 35 min 的频数一览表

频数	专项化学生/%	非专项化学生/%	X^2
1 次以下	12.0	17.3	
1~2 次	57.5	55.2	49.11**
3 次及 3 次以上	30.5	27.5	

**$p<0.01$。

5.5.3 专项化学生与非专项化学生平均每天中高强度能量消耗的比较

身体活动能量消耗（Physical Activity Energy Expenditure，PAEE）是指生产或生活过程中全部身体活动所引起的机体能量消耗。奥迪特·巴尔-奥尔[①]指出，机体在高强度持续运动的情况下，运动所产生的能量消耗占机体总能量消耗的 75%。

由表 5-25 可知，高中专项化体育课程改革对学生平均每天中高强度时间的能量消耗不存在显著性差异（$p>0.05$）。专项化学生的能量消耗为 350.15~430.23kcal，非专项化学生的能量消耗为 348.25~428.15kcal。专项化学生与非专项化学生在上学日的能量消耗产生显著性差异（$p<0.05$），可见专项化体育课程改革后，学生的能量消耗产生显著性变化。从天数类型而言，无论是专项化还是非专项化学生，均呈现出"上学日>平均每天>休息日"的能量消耗特征。

表 5-25 专项化学生与非专项化学生每天中高强度的能量消耗特征

天数类型	专项化学生/kcal	非专项化学生/kcal
平均每天	390.12	389.16
上学日	430.23	428.15*
休息日	350.15	348.25

*$p<0.05$。

[①] 奥迪特·巴尔-奥尔. 儿童青少年与体育运动[M]. 高崇玄, 译审. 北京: 人民体育出版, 2008: 604-615.

5.5.4 专项化学生与非专项化学生身体活动形式的比较

体育教学不仅包括"课堂"教学，还包括课外活动和校外活动。课外活动、校外活动是体育课的必要延伸。高中专项化体育课程改革的最终目的，是通过专项体育课上特长运动技能的培养，为学生形成终身体育意识奠定基础。

由表 5-26 可知，专项化学生和非专项化学生在身体活动形式方面呈现显著性差异（$X^2=27.32$，$p<0.05$），最明显的比例关系呈现在自主锻炼中（专项化学生达到 70.7%，为非专项化学生的 1.5 倍之多），表明专项化体育课程提高了学生的自主锻炼动机，有利于青少年自身体育素养的养成。专项化学生身体活动形式排序依次为自主锻炼、学校组织的体育活动课、学校大课间活动、家庭组织的体育活动、学校体育俱乐部、社区组织的体育活动、校外体育培训班、学校课外体育竞赛、学校的运动代表队，分别占 70.7%、58.7%、43.0%、38.6%、30.2%、19.7%、19.5%、18.6%、9.2%。非专项化学生身体活动形式排序依次为学校组织的体育活动课、自主锻炼、学校大课间活动、家庭组织的体育活动、学校体育俱乐部、社区组织的体育活动、校外体育培训班、学校课外体育竞赛、学校的运动代表队，分别占 59.2%、46.3%、42.1%、35.6%、20.6%、19.2%、18.0%、15.3%、7.8%。

表 5-26 专项化学生与非专项化学生身体活动形式一览表（多选）

身体活动形式	专项化学生/%	非专项化学生/%	X^2
学校组织的体育活动课	58.7	59.2	
学校体育俱乐部	30.2	20.6	
学校的运动代表队	9.2	7.8	
学校课外体育竞赛	18.6	15.3	
学校大课间活动	43.0	42.1	27.32*
校外体育培训班	19.5	18.0	
社区组织的体育活动	19.7	19.2	
家庭组织的体育活动	38.6	35.6	
自主锻炼	70.7	46.3	

* $p<0.05$。

5.5.5 专项化学生与非专项化学生身体活动意向的比较

身体活动意向指个体主观评估自己未来从事某项行为的意愿或可能性，以及在计划实施特定行为中愿意付出的努力程度。运动状态越好且未来运动计划越好的学生身体活动意向越强，反之则越弱。

由图 5-8 可知，专项化学生与非专项化学生相比，在身体活动意向方面呈现显著性差异（X^2=63.78，$p<0.01$）。大部分专项化学生在参与身体活动方面持积极意向。26.2%（意向 1）的专项化学生养成了每天参加体育锻炼的好习惯，并且持续保持；15.9%（意向 2）的专项化学生已经考虑增加现有的锻炼频率，努力达到每天都参加体育锻炼；41.3%（意向 3）的专项化学生如果有时间，将尽量去参加身体活动，但不能保证每天都参加身体活动，意向 3 的人数比例最高；11.2%（意向 4）的专项化学生打算改掉以前不锻炼的习惯，准备尝试参加体育锻炼；但有 5.3%（意向 5）的专项化学生不喜欢体育锻炼，未来也不打算参加体育锻炼。

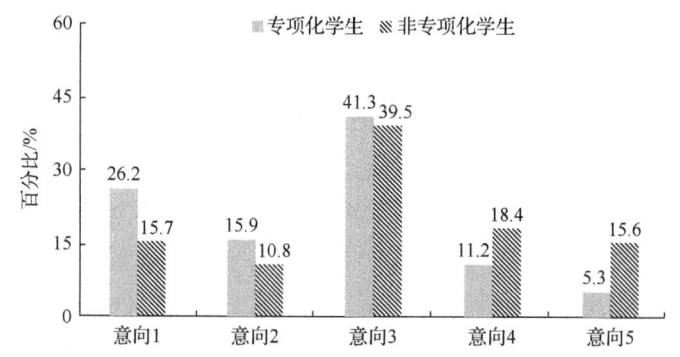

意向 1 表示像现在一样，保证每天都参加身体活动；意向 2 表示已经考虑增加现有的锻炼频率，努力达到每天都参加身体活动；意向 3 表示如果有时间，尽量去参加身体活动，但不能保证每天都参加身体活动；意向 4 表示打算改掉以前不运动的习惯，准备尝试参加身体活动；意向 5 表示不喜欢体育锻炼，未来也不打算参加身体活动。

图 5-8 专项化学生与非专项化学生身体活动意向

5.5.6 高中专项化体育课程改革对学生一周身体活动情况达成效果的综合性分析

根据以上测评结果，在平均每天中高强度身体活动时间方面，专项化学生与非专项化学生相比有所提高，但未呈现显著性差异。在进行测试的一周中，专项化学生每天中高强度身体活动时间为 25.2 min（SD=10.9），非专项化学生为

24.9 min（*SD*=9.6），均没有达到国内每天 35 min 的中高强度身体活动时间推荐量[①]。学生平均每天中高强度身体活动时间，呈现出"体育课日>上学日>非体育课日>休息日"的特征。可见，学校仍然是学生身体活动促进的主要场所，特别是在目前高考指挥棒的引领下，体育课发挥了非常重要的作用。在身体活动周频次方面，仅有 30.5%的高中专项化学生达到每周 3 次以上（每天 35 min）的国内中高强度的推荐量。在身体活动形式方面，专项化学生自主锻炼次数明显增多，达到 70.7%，为非专项化学生的 1.5 倍之多。在身体活动意向方面，专项化学生的总体得分有所提高，大部分专项化学生在参与身体活动方面持积极意向。综上所述，相对于非专项化学生，上海市高中专项化学生中高强度身体活动时间、周频次等均有所提高，但是未达到国内推荐量的标准。毕竟，身体活动行为的变化是一个动态复杂的过程。

5.6 高中专项化体育课程改革对学生体育品德培养的效果测评

2012 年，党的十八大报告中明确提出"把立德树人作为教育的根本任务"。《上海市高中体育专项化课程改革指导意见（试行）》中也将体育品德培养作为高中专项化体育课程改革的重要教学目标。考察历史可知，早在 20 世纪 90 年代，学校体育功能与目标围绕是"育人"还是"育体"为本展开过激烈的讨论[②]。1992 年颁发的《初中体育教学大纲》中列出多达 58 条思想品德目标。《义务教育体育与健康课程标准（2011 年版）》中，学校体育课程的德育目标和内容由"思想品德"调整为 21 世纪初的"心理健康与社会适应"。《普通高中体育与健康课程标准（2017 年版）》中明确提出体育品德目标要求[③]。可见，对体育德育功能的探讨历史悠久，然而体育德育"知易行难"的现实一直悬而未解。很多时候，德育目标停留在大纲和课标的纸上，停留在基层教师的"教学设计""教学思路""教学指导思想"中，停留在教师教案中的"教学目标"里[④]。新时期，在上海市高中专项化体育课程教学中，如何发挥出更高的德育价值仍需深入探讨。

[①] 王超. 中国儿童青少年日常体力活动推荐量研究[D]. 上海：上海体育学院，2013.
[②] 邵天逸."立德树人"背景下学校体育的育人价值[J]. 体育学刊，2017，24（4）：63-67.
[③] 中华人民共和国教育部. 普通高中体育与健康课程标准（2017 年版）[M]. 北京：人民教育出版社，2018：23.
[④] 毛振明，李婧祎，袁圣敏. 论体育课教学中的"立德树人"——兼谈在体育课堂教学中如何培养学生的勇敢精神[J]. 体育教学，2015，35（10）：10-12.

通过对以往文献的梳理，众多专家学者从理论和实践方面对体育教学德育进行过研究。理论层面，学者们主要围绕体育课体育品德的概念内涵、教育功能、价值意义展开论述。例如，毛振明[①]、沈建华和王自清[②]、杨文轩[③]等专家学者均认为体育学科德育有其自身鲜明的实践特点。实践层面，学者们主要围绕体育课品德教育的渗透途径及德育评价展开研究。例如，熊文和张建永[④]认为学校体育中的道德不能陷入在运动中自发形成的误区，需要体育教师在教学时，有意识地输入德育元素对学生进行培养。在体育品德评价方面，沈建华和王自清[②]认为虽然《普通高中体育与健康课程标准（2017年版）》中，有关学生德育的学习评价方法具有较好的可操作性，但仍然存在评价难的问题。

总体而言，前期研究多是经验层面的探讨，缺乏经验和实证材料的统一。本研究试图通过质性访谈和问卷调查的方式，借助质性分析软件 NVivo12 对访谈材料进行质性分析，了解上海市高中专项化体育课程改革实施以来专项化体育课程体育品德培养效果，发现问题，寻找影响因素，为进一步突出高中专项化体育课程"立德树人"价值提供对策和建议。本部分评估数据，主要采用质性研究的方法，通过对上海市高中专项体育课教师、专家进行半结构式访谈获取。最后，采用质性分析软件 NVivo12，对访谈资料进行情感分析，分析高中专项化学生体育品德培养的效果。

5.6.1 对专项教师、专家的学生体育品德培养情况访谈

利用 NVivo12 自动情感识别功能（包括 4 种情感类型：非常负向、较为负向、较为正向、非常正向），对专项教师、专家访谈稿进行内容分析，探索访谈文本的情感认知情况。根据 23 位专项化体育教师、专家的访谈记录，从体育课堂教学的过程性要素出发，对上海市高中专项化体育课程的体育品德培养价值认同情况、体育品德目标制定、体育品德教学内容呈现、体育品德教学方法渗透、体育品德评价情况进行情感识别测评。

如表 5-27 所示，教师对于专项化体育课程体育品德培养价值认同度较高，访谈人员正向认知的情感占比在所有数据中占据主导位置，达到 65.2%，负向认知仅占 34.8%。可见，大部分专项体育教师对体育课德育效果的价值认同是正向感

---

① 毛振明. 近阶段中国体育教学理论研究的若干成果和建树[J]. 北京体育大学学报，2004，27（2）：233-235.
② 沈建华，王自清. "立德树人"视野下新高中体育与健康课程标准的德育透视[J]. 广州体育学院学报，2018，38（5）：1-4.
③ 杨文轩. 课程改革背景下学校体育改革与发展研究[J]. 体育学刊，2018，25（5）：1-4.
④ 熊文，张建永. 学校体育中道德教育的多维审视[J]. 上海体育学院学报，2006，30（5）：80-83.

知的。在体育品德目标制定方面，正向认知占 60.9%，负向认知占 39.1%；在体育品德教学内容制定有效性方面，正向认知占 34.8%，负向认知占 65.2%；在体育品德教学方法渗透有效性方面，正向认知占 30.4%，负向认知占 69.6%；在体育品德教学评价可操作性方面，正向认知占 21.7%，负向认知占 78.3%。由此可见，在专项化体育课程体育品德教学方法渗透有效性、体育品德教学内容制定有效性、体育品德教学评价可操作性 3 个方面均处于负向认知状态。说明，教师对专项化体育课程的价值认同度较高，但体育品德教学过程操作性并不好。比如一位教师说道：

体育对学生健全人格的培养具有独特的价值，专项化体育课程对学生体育品德的培养价值也是显而易见的。通过对学生运动专长的培养，可以提高他们体育学习的内生动力，促进他们的身心健康发展。至于在授课过程中，体育品德教育并未刻意渗透，在于"教什么内容、如何教、如何体现专项化体育课程的德育价值"方面并没有刻意涉及。

表 5-27　教师对专项化体育课程体育品德培养效果的认知倾向一览表

项目	正向认知 参考点	正向认知 百分比/%	正向认知 举例	负向认知 参考点	负向认知 百分比/%	负向认知 举例
价值认同	15	65.2	体育品德培养价值高	8	34.8	德育效果一般
目标制定	14	60.9	目标制定较为具体	9	39.1	目标制定模糊
内容制定	8	34.8	品德教学内容开展较好	15	65.2	品德教学内容难以制定
方法渗透	7	30.4	品德教学方法有效	16	69.6	品德教学方法难操作
评价操作	5	21.7	品德教学评价具有操作性	18	78.3	体育品德教学难以评价

通过进一步访谈得知，专项教师对体育品德内涵认知理解的偏差，导致专项体育课程体育品德教学内容与目标制定联系不紧密，缺乏实践指导性。在制定教案、设定体育品德培养目标时，仅仅是为了满足大纲的要求。在体育品德方法渗透方面，由于体育课的风险程度等原因，一些高强度竞争性、比赛性练习内容难以开展。专项体育教师教学容易成为空洞的说教，对体育教学中出现的问题，未能及时制止。例如，在专项体育课上，有的学生不遵守规则和章程去

进行比赛，比赛中推、拉等不符合规则的犯规动作时常发生；有的学生为了争取"荣誉"和"胜利"，肆意破坏规则制度损害对方；等等。在体育品德评价的操作性方面，虽然《普通高中体育与健康课程标准（2017年版2020年修订）》较以前相比有所突破，但是由于体育品德定性特点，在操作性方面仍需有益的探索。总之，专项化体育课程教学中，体育品德培养存在有目标、轻内容（德育目标只是通过文字描述，而没有在教学内容中具体化）、少方法、缺评价的现状。换言之，专项化体育课程教学中存在学生体育品德认知和行为脱节的现象。

5.6.2 对专项化学生的问卷调查及访谈

依据专项化体育教师的访谈，对专项化体育课程对学生体育品德的培养效果有了基本了解，但与学生真实的感受还是存在一定差距。为弥补此缺陷，本研究对1981名专项化学生进行问卷调查及访谈。调查内容主要围绕：您认为通过高中专项化体育课程的学习，对以下6个方面的品质（合作精神、意志品质、竞争精神、责任感、规则意识、爱国主义）的提升程度如何？调查结束之后，分别对专项化学生的合作精神、意志品质、竞争精神、责任感、规则意识、爱国主义6个指标的平均数和标准差进行统计分析。问卷的设计采用李克特5点式量表的方式进行计分，"非常明显"计为5分，"非常不明显"计为1分，中位数得分为3分。设定3分为非常符合与很不符合的性质分界，将各维度的平均得分与3分的分界线进行比较[①]。对专项化学生体育品德培养各维度得分进行描述性统计，并进行单一样本 T 检验（表5-28）。

由表5-28可知，专项化学生除了规则意识、意志品质两个指标，在合作精神、竞争精神、责任感、爱国主义4个指标的平均得分均小于3，且 p 值均等于0.00，说明高中专项化体育课程改革对学生体育品德培养效果不明显。

表5-28 专项化学生体育品德培养平均得分一览表（n=1981）

得分	$M±SD$	p
合作精神	2.50±0.69	0.00<0.05
意志品质	3.25±0.93	0.00<0.05
竞争精神	2.39±0.63	0.00<0.05
责任感	2.35±0.62	0.00<0.05
规则意识	3.17±0.92	0.00<0.05
爱国主义	2.57±0.62	0.00<0.05

---

① 田丽丽，张权权. 中学生学校幸福感特点[J]. 中国特殊教育，2008（8）：92-96.

此外，本部分以访谈为辅助形式，对部分专项化学生进行了访谈，当问及学生"在专项化体育课程教学中，你能感受到教师体育品德培养吗"，多数学生回答"偶尔能感受到，但不浓厚"。有些学生甚至认为，以上有些品质的培养似乎与专项化体育课程无关。通过进一步访谈了解到，专项教师在上课过程中主要对一些纪律规范做出要求。一些教师教完运动技能后，上课形式较为单一，缺乏有效的教学组织，导致有些课堂出现放养现象；有些教师采用枯燥的训练式教学方法，严重影响了专项化学生上课的积极性；当学生提问时，部分教师缺乏和谐氛围的营造，语气生硬，缺乏耐心，甚至有批评斥责学生的现象发生。此外，专项教师在教学过程中无法顾及全体学生，缺乏对基础较差学生的关注、指导。例如，在一些项目的教学过程中，专项教师往往和技术较好的学生进行比赛性练习，而对较差的学生不管不顾。以上现象均影响了专项化体育课程的体育品德培养效果。

体育首先应该回归教育，然后才是各种运动。专项化体育课程虽具有术科属性，但重在学科育人。新时期，随着"健康第一，立德树人"指导思想的提出，上海市高中专项化体育课程的德育价值有待进一步展现。

5.6.3 专项化体育课程改革对学生体育品德培养效果的综合性分析

综上所述，上海市高中专项化体育课程对学生体育品德培养效果欠佳。通过质性分析软件NVivo12，对访谈资料进行情感分析得出，上海市高中专项化体育课程教学中，存在体育品德培养认同度高，以及有目标、轻内容（德育目标只是通过文字描述，而没有在教学内容中具体化）、少方法、缺评价的情况。通过对专项化学生进行问卷调查得出，学生除了规则意识、意志品质两个指标，在合作精神、竞争精神、责任感、爱国主义4个指标的得分较低，均小于3。可见，专项教师对各个专项德育价值并不是很熟悉，各个专项的德育价值尚未有机地融入专项体育课程教学中。上海市高中专项化体育课程改革目标任务中明确提出充分发挥体育"立德树人"的功能[1]，目前距离此目标尚有一定差距。

---

[1] 上海市教育委员会. 上海市教育委员会关于印发《上海市高中体育专项化课程改革指导意见（试行）》的通知[EB/OL]. (2015-10-26) [2022-09-11]. https://edu.sh.gov.cn/xxgk2_zdgz_qtjy_01/20201015/v2-0015-gw_415082015008.html.

5.7 高中专项化体育课程改革对学生体育学习兴趣培养的效果测评

孔子曾说"知之者不如好之者，好之者不如乐之者"，足见学习兴趣的力量是巨大的。早在1956年颁布的第一部《中学体育教学大纲（草案）》中已将体育兴趣作为体育课程教学的重要目标。孙耀鹏在1994年首次提出以培养"专项兴趣"为核心的教学目标。新时期，上海市高中专项化体育课程改革也将体育兴趣的培养作为重要出发点。然而，体育兴趣不是与生俱来的，是需要教育激发、培养并逐步成为习惯的，毕竟有限的项目难以完全满足学生的兴趣需求。很多学生初选某个项目只是受到主观兴趣或者同伴的影响，以前并未真正接触过此项目。这就要求，在专项化体育课程教学过程中，一方面要把"培养兴趣"和"满足兴趣"进行区分；另一方面，专项化体育课程教学是否能够激发学生体育兴趣呢？这需要进行科研验证。本研究借助《高中生体育学习兴趣评价量表》[1]进行测量。此量表经过信度和效度检验，具有较高的信效度，内容包括"积极兴趣""自主与探究""运动参与""关注体育""缺乏兴趣"5个维度，每个维度均对应相应的问卷题项。评估数据的获取，主要采用多阶段分层抽样法，分别对上海市1981名专项化学生、1015名非专项化学生进行测量。

5.7.1 不同性别、年级间学生体育学习兴趣达成效果的总体分析

由表5-29可知，专项化学生和非专项化学生在体育学习兴趣总体得分方面呈现显著性差异（$p=0.00<0.01$），表明高中专项化体育课程改革有利于学生体育学习兴趣的提高。在性别方面，无论是专项化学生，还是非专项化学生，男生体育兴趣均高于女生。在专项化与非专项化的男生之间，未呈现出显著性差异（$p=0.10>0.05$），而在女生之间呈现显著性差异（$p=0.00<0.01$）。在年级方面，专项化学生在不同年级之间呈现显著性差异，高一学生的学习兴趣最高；非专项化学生在不同年级之间未呈现显著性差异（$p>0.05$）。高一专项化学生与非专项化学生之间呈现出显著性差异（$p=0.00<0.05$），在高二学生和高三学生之间未呈现显著性差异（$p=0.13$和$0.15>0.05$）。这表明高中专项化体育课程改革充分激发了高一学生的体育学习兴趣，然而在高二学生和高三学生之间仍有一定提升空间。

---

[1] 汪晓赞. 我国中小学体育学习评价改革的研究[D]. 上海：华东师范大学, 2005.

表 5-29　专项化学生与非专项化学生体育学习兴趣差异一览表

项目	类别	n	专项化学生	非专项化学生	t	p
性别	男	1423	107.65±12.33$^\&$	106.34±11.81$^\&$	0.68	0.10
	女	1573	103.06±12.03	101.77±12.32**	1.05	0.00
年级	高一	953	104.39±9.73	103.30±9.54**	1.31	0.00
	高二	1050	105.73±11.20$^\#$	105.20±8.67	1.03	0.13
	高三	963	105.98±9.65$^\#$	105.01±7.98	2.33	0.15

**（$p<0.01$）vs 专项化。

\#（$p<0.05$）vs 高一。

&（$p<0.05$）vs 女。

5.7.2　不同性别、年级间学生积极兴趣达成效果测评

积极兴趣是指学生非常喜欢上体育课，认为体育课非常有趣，如果教师某天不上体育课，就会感觉到很失望等积极主动的上课心态。

由表 5-30 可知，专项化学生与非专项化学生积极兴趣得分均值较高，并呈现显著性差异（$p=0.03<0.05$）。男生之间未呈现显著性差异（$p=0.16>0.05$），女生之间呈现显著性差异（$p=0.00<0.05$）。这说明专项化体育课程改革充分调动了女生体育学习积极性。在不同性别的专项化与非专项化学生之间，呈现出显著性差异（$p<0.05$）；在不同年级之间，高一和高二的专项化与非专项化学生呈现显著性差异（$p<0.05$）。

表 5-30　专项化学生与非专项化学生体育积极兴趣差异一览表

项目	类别	n	专项化学生	非专项化学生	t	p（平均数=0.03）
性别	男	1423	25.15±3.21$^\&$	25.02±3.23$^\&$	2.08	0.16
	女	1573	23.12±4.21	22.07±3.89	2.35	0.00
年级	高一	953	23.94±2.35	23.19±2.78*	1.31	0.03
	高二	1050	24.15±2.34	23.35±2.37*	1.03	0.03
	高三	963	24.30±3.12	24.08±3.15	1.95	0.15

*（$p<0.05$）vs 专项化。

&（$p<0.05$）vs 女。

5.7.3 不同性别、年级间学生自主与探究兴趣达成效果测评

自主与探究兴趣是提高学生自学能力的体现，主要是指学生在上体育课时，主动了解相关练习方法，经常就体育学习中的疑难问题，主动请教教师和同学等。

由表 5-31 可知，专项化学生与非专项化学生相比，在自主探究维度上呈现显著性差异（$p=0.03<0.05$），但得分均值较低，说明高中专项化体育课程改革后，学生的自主学习能力明显提高。不同性别之间，专项化学生均与非专项化学生呈现显著性差异（$p=0.00<0.01$）；不同年级之间，高一、高二专项化学生与非专项化学生呈现显著性差异（$p<0.05$），高三学生未呈现显著性差异（$p>0.05$）。

表 5-31 专项化学生与非专项化学生体育自主与探究兴趣差异一览表

项目	类别	n	专项化学生	非专项化学生	t	p（平均数=0.03）
性别	男	1423	15.42±2.15	14.96±2.12	1.98	0.03
	女	1573	15.78±1.96	15.08±1.85	1.05	0.00
年级	高一	953	15.36±2.36	14.95±2.39	2.30	0.00
	高二	1050	15.60±2.56	15.02±2.32	2.09	0.03
	高三	963	15.75±2.31	15.09±2.03	1.93	0.12

5.7.4 不同性别、年级间学生运动参与兴趣达成效果测评

运动参与兴趣是指学生经常参与体育活动，逐步养成体育锻炼的习惯，把体育锻炼作为生活中的重要组成部分。

由表 5-32 可知，专项化学生与非专项化学生在运动参与总分方面未形成显著性差异（$p=0.23>0.05$）。此外，专项化学生与非专项化学生在性别方面呈现显著性差异（$p<0.05$）。

表 5-32 专项化学生与非专项化学生运动参与差异一览表

项目	类别	n	专项化学生	非专项化学生	t	p（平均数=0.23）
性别	男	1423	16.25±2.12&	16.20±2.15&	2.98	0.33
	女	1573	15.05±1.30	14.98±1.35	2.05	0.53

续表

项目	类别	n	专项化学生	非专项化学生	t	p（平均数=0.23）
年级	高一	953	16.02±1.35	16.05±1.26	2.31	0.26
	高二	1050	16.34±1.28	16.13±1.29	2.03	0.58
	高三	963	16.24±2.15	16.09±2.39	0.93	0.35

&（$p<0.05$）vs 女。

5.7.5 不同性别、年级间学生关注体育达成效果测评

关注体育是指学生经常关注体育方面的相关信息，经常与同伴谈论体育，喜欢收看相关体育报道等。

由表5-33可知，专项化学生与非专项化学生在关注体育方面总分呈现出显著性差异（$p=0.00<0.01$）。不同性别之间，专项化学生和非专项化学生呈现显著性差异（$p<0.01$）；不同年级之间，高一、高二学生呈现显著性差异，而高三学生未呈现显著性差异（$p=0.17>0.05$），这可能与高三学生学习压力较大，无暇关注体育有关。

表5-33 专项化学生与非专项化学生关注体育差异一览表

项目	类别	n	专项化学生	非专项化学生	t	p
性别	男	1423	27.57±3.12&	26.08±3.25&**	1.98	0.00
	女	1573	25.13±3.32	23.96±3.56**	2.15	0.00
年级	高一	953	25.96±3.21	25.02±3.25*	2.01	0.03
	高二	1050	26.57±1.98	25.25±2.15**	2.03	0.00
	高三	963	26.52±1.65	24.79±2.45	1.93	0.17

*$p<0.05$。

**$p<0.01$ vs 专项化。

&（$p<0.05$）vs 女。

5.7.6 不同性别、年级间学生缺乏体育学习兴趣情况测评

缺乏体育学习兴趣主要是指学生上体育课时感到枯燥无味，认为体育课是一种负担，体育课上经常偷懒不活动等消极被动的学习心态。

由表5-34可知，专项化学生与非专项化学生在缺乏体育学习兴趣方面，不同性别和年级间呈现显著性差异（$p<0.05$），说明专项化体育课程改革能够减少学生缺乏兴趣的被动心态。此外，专项化学生在性别之间呈现显著性差异（$p<0.05$），

非专项化学生在性别和年级之间均未呈现显著性差异（$p>0.05$）。

表 5-34　专项化学生与非专项化学生缺乏体育学习兴趣差异一览表

项目	类别	n	专项化学生	非专项化学生	t	p（平均数=0.02）
性别	男	1423	23.26±2.03[&]	24.08±2.45[&,**]	1.68	0.00
	女	1573	22.98±3.89	24.68±3.87[**]	1.95	0.00
年级	高一	953	23.11±4.12	24.49±4.01[**]	1.51	0.00
	高二	1050	23.07±3.25	24.28±3.57[*]	2.03	0.02
	高三	963	23.18±2.67	24.31±2.86[*]	1.93	0.02

注：缺乏体育学习兴趣分值采取反向计分，数值得分越高，说明学生兴趣水平越低。
*$p<0.05$。
**$p<0.01$ vs 专项化。
&（$p<0.05$）vs 女。

5.7.7　专项化体育课程改革对学生体育学习兴趣培养的综合性分析

研究结果表明，高中专项化体育课程改革充分激发了学生的体育学习兴趣，这也符合了改革的初衷，即通过专项化体育课程改革，帮助学生收获兴趣和技能[1]。女生体育兴趣明显提高，究其原因，可以从 3 个方面进行解释。①生理学层面，男女生身体机能、生理特征存在差异，导致他们适合于"某些适合某个性别"的身体活动[2]，而专项化实施学校提供了适合女生选择的运动项目种类。②社会学层面，性别角色在体育学习中起着非常重要的作用。女孩比男孩有更多的改变[2]。这可能是与女性在健康促进干预中更容易遵循建议和接受劝告有关。我国传统体育课往往以男性思维为核心进行课程设计，导致女生容易在此种类型体育课中陷入窘境。③心理学层面，高中阶段女生体育运动惰性相对较强，害羞腼腆，具有强烈的自尊心，不喜欢具有挑战性的项目。上海市高中专项化实施学校根据不同性别特点设置校本课程，有效调动了女生上课的积极性。

专项化学生的体育学习兴趣并未随着年级增长而提高。这一结论似乎有悖常理，学生学习兴趣理应随着运动技术的增长而提高。某校武术教师在教学过程中发现，很多学生随着学习时间的延长，学习兴趣反而下降。究其原因，学业压力

---

[1] 王洋. 体育专项化改革让学生收获兴趣与技能[J]. 人民教育，2016（13）：74-76.
[2] SILVERMAN S J, ENNIS CD. Student learning in physical education: Applying research to enhance instruction[M]. Champaign, IL: Human Kinetics, 1996: 35.

可能是一个非常重要的方面。随着年级的增长，学生学业压力不断增大，无暇顾及体育运动。此外，教师的专业能力也是一个非常重要的影响因素，很多教师并非本专项出身，对所教运动项目的技能特征缺乏了解。

随着上海市高中专项化体育课程改革的实施，学生在积极兴趣、自主探究兴趣、缺乏体育学习兴趣、关注体育4个维度呈现显著性差异，而在运动参与维度方面未呈现出显著性差异。在自主探究兴趣方面，随着学科素养的提出，高中专项化体育教师更加注重学生学习能力的培养，授课方式由原来的"填鸭式"向"启发式"教学转变，开始主动钻研技战术，增强对比赛的把握能力。关注体育维度呈现出显著性差异，究其原因，可能与随着专项化学生对某一运动项目的了解，"自我效能"增强，从而提高对体育的关注度有关。在运动参与维度未呈现显著性差异，可能与高中生学业压力有关。虽然专项化学生对体育认知有所改变，关注度有所提高，但由于高考压力的影响，学生功课繁多导致学生在课余时间之内仍然无暇顾及体育锻炼。毕竟认知到行为改变，需要一个渐进的过程。缺乏体育学习兴趣心态的减少，一定程度上反映积极兴趣的增加。上海市高中专项化体育课程改革给予学生选择自己所喜欢的运动项目的机会，在特长运动技能学习过程中，帮助学生形成积极的情感体验，带动学生上课的积极性。

上海市高中专项化体育课程改革的重要出发点之一，是通过专项化教学，激发学生体育学习兴趣，进而成为参加体育活动的动机和需要，养成自我体育锻炼的习惯。根据以上测评结果，高中专项化体育课程改革在此方面基本达到了预期目标，即充分激发了学生的体育学习兴趣，女生尤为明显。但是不同年级之间，专项化学生体育学习兴趣未随着年级增长而提高。在以后的专项化教学中，应选择更有吸引力的项目和内容，同时进一步提高教师专业能力，增加运动竞赛。

5.8 高中专项化体育课程改革对专项教师体育教学行为的效果测评

体育教师教学行为指教师在教学中为达到一定的目的所采用的行动，它直接影响体育教学效果，是实现体育教学目标的重要环节[1]，包括课前设计行为、课中实施行为、课后评价与反思行为3个方面。教师是课程改革的实施者，高中专项化体育课程改革的顺利开展，需要新型的专业教师。只有专项教师的教学行为不

---

[1] 李健，谭刚，王荣民，等. 中学体育教师课堂教学行为的理论构建[J]. 北京体育大学学报，2005，28（7）：962-964.

断适应课程改革的要求，课程改革才能顺利实施。在此采用问卷调查和课堂观察访谈的方式，对课程改革后专项教师的教学行为进行测评，旨在了解专项教师体育教学行为变化情况，有益于促进专项教师的专业发展，提升课程改革质量。

5.8.1 专项教师对课程改革的认知态度

认知是行为的先导。专项教师对课程改革的认知态度，直接影响课程改革实施的效果。基于此，将专项教师对课程改革的认知态度分为忠实响应、徘徊观望、消极困惑、强烈反对 4 种类型（表 5-35），并进行相应的访谈调查。根据访谈结果，高中专项化体育课程改革实施以来，专项教师对课程改革持"强烈反对"态度的较少，但具有相当数量的教师对课程实施的态度持"徘徊观望"或者"消极困惑"倾向。即使有的教师对专项化体育课程的一些做法持疑问态度，但由于惰性的驱使，缺乏积极探究进取的精神，对课程改革持得过且过取向。可以说，课程改革实施最大的障碍就是教师的惰性，这里的"惰性"，我们可以把它理解为"习惯做法"。教师对课程改革的消极困惑、惰性驱使，将会使得课程改革实施成为空中楼阁，容易出现"穿新鞋走旧路"现象。

表 5-35　专项教师对课程改革的态度类型及行为特征

态度类型	行为特征
"忠实响应"型	对专项化体育课程改革持忠实取向，积极响应，认为课程改革必将取得成功
"徘徊观望"型	对课程改革持得过且过态度，不反对，但也不积极响应，甚至有些教师认为此次课程改革会出现"穿新鞋走老路"的局面
"消极困惑"型	不反对改革，但由于对课程改革不知如何实施，持消极态度，不追求个人的专业发展
"强烈反对"型	受习惯性思维等因素的影响，反对专项化体育课程改革

认知态度决定了教师的教学行为，通过访谈得知教师均认为，高中专项化体育课程改革倒逼专项教师的教学行为改变，专项教师运动技能得到提高，但专项教师教学行为现实情况如何，是否满足了课程改革的要求仍需进一步分析。正如对一位学校体育组长 F 教师的访谈所言：

大部分专项教师对于高中专项化体育课程改革的背景，不是十分熟悉，作为一名普通教师只能在实施过程中不断跟随。至于教学行为的改变，随着专项化体育课程改革的实施，特别是 80 min 的体育教学，教师的授课难度开始增加，倒逼专项教师改进教学行为，提升综合素养。事实上，体育教学办公室也经常开展一些提升教学质量方面的交流，所在区也时常开展一些公开课的活动。然而，许多专项教师往往有着多年教学经验，形成了自己的风格，外加惰性的驱使，效果并不是很理想。

专项化体育课程改革的顺利开展，需要专项体育教师的专业成长，否则专项化学生的运动项目学习，将难以获得稳步的提升。

5.8.2 专项教师的课前设计行为

课前设计行为是体育课堂教学行为的预设，是对体育课堂教学过程有效把握的重要途径。教师课前设计行为主要包括教学目标的制定、教学内容的选择两个方面。

（1）体育教学目标制定行为

体育课堂教学目标，是课堂预计达成效果的重要描述。目标设定过低，学生则缺乏运动投入；目标设定过高，学生则会感到遥不可及，影响学生的参与积极性。为此，本研究针对专项化体育教师和学生，进行了"体育教学目标设定是否符合学生的学习水平"的问卷调查（图5-9）。

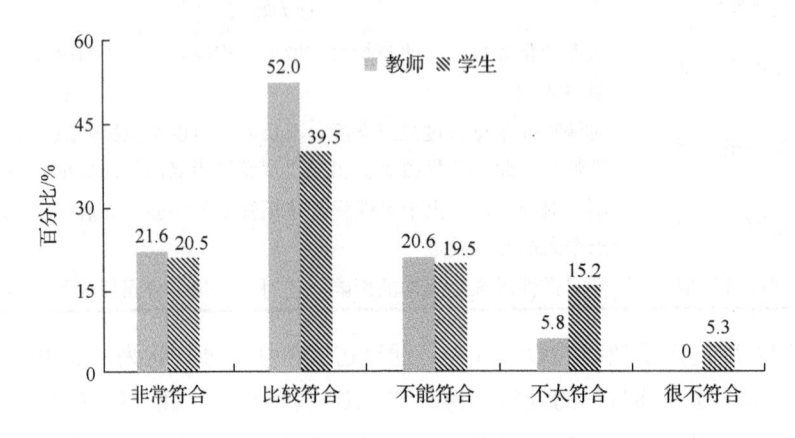

图5-9 体育教学目标设定情况调查

由图5-9可知，分别有21.6%的教师和20.5%的学生认为，教学目标的设定非常符合学生的学习水平；分别有52.0%的教师和39.5%的学生认为，教学目标的设定比较符合学生的学习水平；分别有5.8%的教师和15.2%的学生认为，教学目标的设定不太符合学生的学习水平；5.3%的学生认为，教学目标的设定很不符合学生的学习水平。可见，仍有20%以上的专项化学生认为，教学目标的设定不符合自身的学习水平。为了进一步了解专项教师教学目标的制定情况，对专项教师教学目标制定的依据进行了访谈调查，得知在制定教学目标时，相当多的教师难以做到以核心素养目标为引领，往往过于注重体能、技能目标，在实际教学中更难以达到三维目标的实现。可见，教学目标设定存在片面化现象。

（2）体育教学内容选择行为

有效的教学内容是实现教学目标的重要载体，是激发学生学习兴趣的重要途径，因此教学内容的选择应增强实用性。为此，本研究针对专项化体育教师和学生进行了"体育教学内容能否激发学生的学习兴趣"的问卷调查（图5-10）。

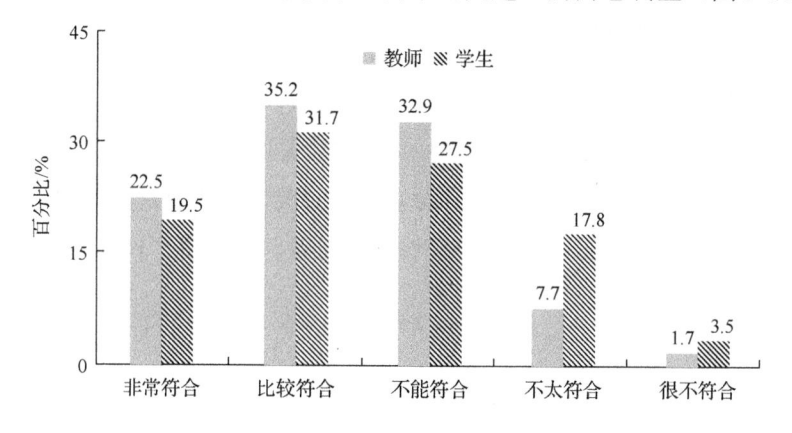

图5-10 体育教学内容设定情况调查

由图5-10可知，分别有22.5%的教师和19.5%的学生认为，课堂设定的教学内容完全能够激发学生的体育学习兴趣；分别有35.2%的教师和31.7%的学生认为，课堂设定的教学内容基本能够激发学生的体育学习兴趣；但是仍有9.4%的教师和21.3%的学生认为，课堂设定的教学内容不能激发学生的体育学习兴趣。

为了进一步了解专项教师的教学内容选择情况，对专项教师教学内容确定的依据进行了问卷调查，结果发现在选择教学内容时，57.7%的教师能够按照《上海市高中体育专项化课程改革指导意见（试行）》进行；48.9%的教师按照学校体育教学大纲进行；还有43.1%、30.7%、25.5%的教师是分别按照学生兴趣、教师专长、场地器材进行安排的。可见，部分专项教师教学内容选择比较随意（表5-36）。

表 5-36　专项化体育教学内容确定依据

确定依据	频数	百分比/%	排序
《上海市高中体育专项化课程改革指导意见（试行）》	79	57.7	1
场地器材	35	25.5	5
教师专长	42	30.7	4
学生兴趣	59	43.1	3
学校体育教学大纲	67	48.9	2
随意安排	21	15.3	6

5.8.3　专项教师的课中实施行为

（1）课堂导入行为

成功的课堂导入能够有效激发学生兴趣点，是吸引学生注意力，使其进入上课状态的重要途径。为了解专项教师课堂导入情况，本研究对教师和学生进行了"课堂导入形式能否调动学生上课积极性"的问卷调查（图 5-11）。

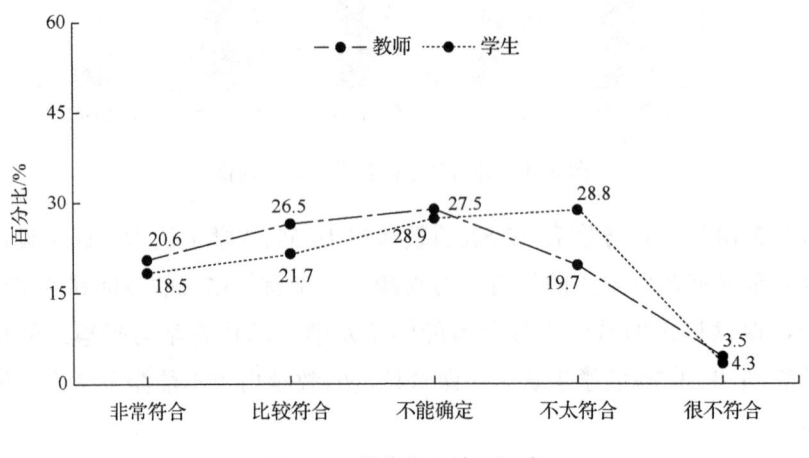

图 5-11　课堂导入情况调查

如图 5-11 所示，分别有 20.6%的教师和 18.5%的学生非常认同专项教师的课堂导入形式；分别有 26.5%的教师和 21.7%的学生比较认同专项教师的课堂导入形式；然而有 3.5%的教师和 4.3%的学生认为，专项化体育课程教学导入形式不能调动学生上课积极性。

有学者将课堂导入分为"教师独导""师生同导"两种模式[①]。"教师独导"模式主要通过语言讲述等开门见山的方式，此种教学模式比较枯燥呆板；"师生同导"模式主要通过师生问答、游戏竞赛等形式，更容易调动学生上课积极性。通过课堂观察发现，专项教师在授课过程中采用"教师独导"模式居多，可见课堂导入方式仍然不够新颖，"灌输式"的导入模式缺乏对学生学习兴趣的激发。

（2）教学方法与手段运用行为

"事必有法，然后可成。师舍是则无以教，弟子舍是则无以学。"专项化体育课程教学方法与手段应尽可能遵循运动技能教学规律，采用易激发学生兴趣的练习手段和组织教法，采取有对抗性的、动态的和连续性的练习方式。对教师和学生进行"教师教学方法与手段能否帮助学生更好地掌握运动技能"的问卷调查，调查结果并不理想，有 32.6%的学生认为，教师的教学未能够帮助自己更好地掌握运动技能。此外，"授人以鱼不如授之以渔"，专项化体育课程教学过程中，应充分注重学法的应用。课堂观察发现，专项教师在教学过程中，主要采用语言传递类的讲解、提问法，以及分组教学、比赛法等传统教学方式方法，缺乏自主、合作、探究等学法的应用。部分教师对运动项目的重难点缺乏清晰的把握，在讲解示范时缺乏有效的提示。

（3）课堂管理行为

课堂管理一般包括体育课堂环境的管理、体育课堂纪律的管理和体育课堂气氛的营造 3 个方面[②]。本研究主要对课堂教学氛围进行描述，分别针对教师和学生进行了"体育课堂教学氛围能否激发学生更好学习"的问卷调查（图 5-12）。

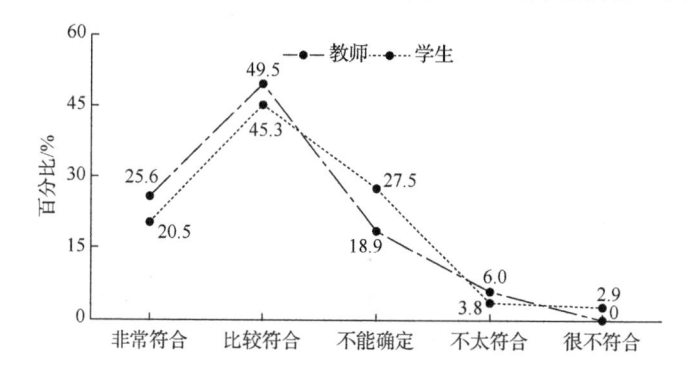

图 5-12 体育课堂教学氛围营造情况调查

[①] 刘伟，董丽. 初中体育课堂导入模式的研究[J]. 文体用品与科技，2014（12）：56-57.
[②] 王佃娥. 中小学体育教师教学行为有效性研究[D]. 北京：北京体育大学，2010.

由图 5-12 可知，分别有 25.6%的教师和 20.5%的学生认为，专项化体育课堂教学氛围能够很好地激发学生更好学习；分别有 49.5%的教师和 45.3%的学生认为，专项化体育课堂教学氛围能够较好地激发学生更好学习；分别有 3.8%的教师和 6.0%的学生认为，专项化体育课堂教学氛围不太能激发学生更好学习。可见，专项体育课程教学过程中，课堂教学氛围相对较好。

5.8.4　专项教师的课后评价与反思行为

课后评价与反思是体育课堂教学的重要环节，是对课堂把脉、诊断、提升的重要手段。《上海市教育委员会关于印发〈上海市高中体育专项化课程改革指导意见（试行）〉的通知》中明确提出，从知识、体能、专项经历和情感体验等方面全面考核评价学生的体育素养，并制定了相应的评价标准[①]。但是调查结果显示，尚有 52.94%的专项化实施学校没有依据评价标准对学生进行评价[②]。由此可见，专项体育教师课后评价仍然存在倾向性，以体能、技能为主，而缺乏对学生体育品德、情感态度等评价。

5.9　上海市高中专项化体育课程改革效果的综合性分析

上海市高中专项化体育课程改革作为一项系统性工程，最终目的是促进学生的身心全面发展。测评结果发现：①高中专项化体育课程改革实施以来，学生体能总体得分呈现上升趋势，尤其是对女生的影响较为显著。改革后专项化学生体质测试平均得分为（80.03±8.78）分，相对于非专项化学生呈现显著性差异。可见，高中专项化体育课程改革对学生体能的影响是明显的。②采用《青少年运动技能等级标准》中的三级标准（入门级），对足球、篮球、网球、武术进行测试发现，学生运动技能普遍提高，分别有 65.3%、76.0%、71.4%、67.1%的学生达到运动技能等级三级，但是排球、网球等技术含量较高的项目尚未达到自主进行比赛的程度。③上海市高中专项化体育课程静态练习时间较多，专项班中高强度身体活动时间百分比为 21.7%，远远没有达到 *Healthy People 2010*（《健康国民 2010》）提出的推荐量[③]；改革后，专项化学生平均每天中高强度身体活动时间有所增加，

---

① 上海市教育委员会. 上海市教育委员会关于印发《上海市高中体育专项化课程改革指导意见（试行）》的通知[EB/OL]. (2015-10-26) [2022-09-11]. https://edu.sh.gov.cn/xxgk2_zdgz_qtjy_01/20201015/v2-0015-gw_415082015008.html.
② 薛成博. 上海市"高中体育专项化"教学改革成效、问题及推行策略研究[D]. 上海：华东师范大学，2016.
③ U S DEPARTMENT OF HEALTH AND HUMAN SERVICES. Healthy People 2010[M].2ne ed. Washington, DC: US Government Printing Office, 2000: 12.

呈现出"体育课日>上学日>非体育课日>休息日"的特征，仅有28.5%的高中专项化学生达到每周3次以上（每天累计35 min）的国内中高强度推荐量。④从专项化体育课程体育品德培养效果来看，教师对专项化体育课程体育品德的培养价值认同度较高，但专项体育课程体育品德培养存在有目标、轻内容、少方法、缺评价的现状。⑤高中专项化体育课程改革充分激发了学生的体育学习兴趣，女生尤为明显；不同年级之间，专项化学生体育学习兴趣未随着年级增长而提高。

2015年，《上海市教育委员会关于印发〈上海市高中专项化体育课程改革指导意见（试行）〉的通知》中，将"高中专项化体育"课程改革的主要任务界定为"通过三个学年的体育专项学习，学生对体育运动的兴趣明显提高，能够比较熟练地掌握两项以上的运动技能，体育运动素养得到明显提升，形成体育锻炼习惯和健康生活方式"。同时，高中专项化体育课程能够充分发挥"立德树人"的功能[①]。《"健康中国2030"规划纲要》中把青少年列为促进身体活动的重要人群，提出以下目标：①基本实现青少年熟练掌握1项以上体育运动技能；②确保学生校内每天体育活动时间不少于1 h；③学校体育场地设施与器材配置达标率达到100%；④青少年学生每周参与体育活动达到中等强度3次以上；⑤国家学生体质健康标准达标优秀率25%以上的目标。

结合《"健康中国2030"规划纲要》和《上海市高中专项化体育课程改革指导意见（试行）》中的主要目标任务，通过以上课程改革指标的效果评估可以看出：上海市高中专项化学生的体能、技能、兴趣得到了同步提高；"立德树人"价值有待展现；距离每周身体活动达到中等强度3次以上、每天校内1 h的健康体育行为仍有一定的差距。改革后，专项化学生体能、技能、体育学习兴趣均有所提高，这也符合了上海市高中专项化体育课程改革的初衷，即高中专项化体育课程改革的重要目标是帮助学生掌握1～2项运动技能，提高体能。体能与技能作为专项化体育课程改革的外显性目标，在教学中应依据专项特点将二者有机地结合起来，而不能将其分割。随着上海市高中专项化体育课程改革的提出，专项体育课程又持续回到多年前的"体质派"和"技能派"的争论之中，对专项化体育课程能否增强体质，能否提高体能与技能同时提出质疑。部分学者认为以运动技术教学为主体的专项化体育课程，虽有增强体质之功效，但需要注意运动技术和身体素质

---

① 上海市教育委员会. 上海市教育委员会关于印发《上海市高中体育专项化课程改革指导意见（试行）》的通知[EB/OL].（2015-10-26）[2022-09-11]. https://edu.sh.gov.cn/xxgk2_zdgz_qtjy_01/20201015/v2-0015-gw_415082015008.html.

有机结合[1]。以前专项选修体育课是建立在第一年普通体育课基础上的，田径、体操等基本内容的学习，保证了学生的身体素质。现行的上海市高中专项体育课程，三年一贯制学习某一项目，可以加深学生对某一运动项目的了解，但体育课程的最终目的是促进学生全面发展。以上测评结果有效打破了人们前期的顾虑。因此，以专项技能为主导的"高中专项化"体育课程改革，在提高学生运动技能的同时，有效起到了促进学生体质健康的作用，达到了体能与技能有机融合的效果。

习近平主席于 2018 年 9 月 10 日在北京召开的全国教育大会中提出"享受乐趣、增强体质、健全人格、锤炼意志"的教育理念。如何让学生享受体育课的乐趣，拥有成就感，增加学生参与体育课的动机，是发展学校体育课首先需要解决的问题。改革后，专项化学生体育学习兴趣明显提高，首先得益于对学生学习主体的尊重，专项化学生开始选到自己喜欢的运动项目。正如约翰·杜威（John Dewey）在他的《民主主义与教育》中所说，你可以将一匹马牵到河边，但绝不能按着马头让它饮水。可见，学生学习主体的积极性至关重要。此外，专项体育课堂教学形态的变化也会一定程度提高学生的上课积极性，学生开始主动与教师请教技战术问题，课堂气氛变得活跃起来。正如研究结果所示，高中专项化体育课程改革将学生运动技能的学习建立在感兴趣的项目基础上，学生在新的教学内容体系中，能够感受运动项目的内涵神韵，收获到运动的喜悦。因此，学生体育学习兴趣提高是运动技能提高的重要保障。在此，需要说明的是，专项化学生体能、技能等指标有所提高，但一周身体活动水平等指标提高幅度不大，原因可能是多方面的，由于未做指标间的相关性分析，具体原因有待进一步探讨。

总体而言，在取得以上成效的同时问题依然存在。一项课程改革的设计蓝图即使完美无缺，要想变为现实，也需要经过课程实施方能实现。何谓课程实施？1991 年出版的《国际课程百科全书》中提出课程实施"是把某项改革付诸实践的过程"[2]。一项完整的课程实施体系是在课程理念指导下，由体育课程实施过程中的实施主体、实施途径、实施环境、实施效果构成的统一体。教师在课程实施过程中扮演非常重要的角色，其对课程实施的态度、自身所具备的专业素养决定着一项课程改革的成功与否。有效体育教学是课程实施的主要途径，这就要求在专

---

[1] 岳宝锋，王开文. 也谈体育兴趣的培养与体育教学改革——与孙耀鹏老师商榷[J]. 中国学校体育，1994（1）：70-71.
[2] LEWY A. The International Encyclopedia of Curriculum[M]. Oxford: Pergamon Press,1991: 378.

项化体育课程教学中,合理制定体育教学目标,合理开发教学内容和教学资源,有效进行教学评价。此外,课外体育活动及一些隐性体育课程可作为有效体育教学的辅助。综上所述,课程实施是检验课程改革成功与否的必要条件。我们需充分认识到专项化体育课程实施的意义,进一步审视上海市高中专项化体育课程改革理念是否落到实处,审视课程改革方案设计是否完善,检测课程实施主体现状等,方能客观分析高中专项化体育课程改革实施的效果。

6

高中专项化体育课程改革存在的主要问题及问题产生的原因分析

效果测评的目的不是仅仅在于评价改革现状如何,而是在于发现改革中存在的问题,并进行进一步的优化和完善。上海市高中专项化体育课程改革在取得一些成效的同时,问题依然存在。列夫·舍斯托夫(Lev Shestov)提出,应给全部问题再加上一个问题——问题是由何产生的,我们便进入了认识论和方法论领域[①]。本部分将结合高中专项化体育课程改革的进程,依据课程改革的效果测评,分析高中专项化体育课程改革中存在的主要问题,并探究问题产生的缘由,为后期高中专项化体育课程改革的深化提供优化性建议。

6.1 课程改革对不同项目运动技能达成效果差异明显

6.1.1 不同项目间运动技能达成效果差异明显的问题表现

根据访谈、测评调查结果可知,上海市高中专项化体育课程改革实施以来,专项化体育课程运动技能教学的主体价值得到了充分体现,专项化学生的运动技能水平普遍提高。改革后,专项化体育课程教学通过理论与实践相结合的方式,注重技战术的传授,增加比赛性练习,提高了学生技战术探究积极性。在学生练习方式方面,发生了以下改变:①注重采用易于激发学生兴趣点的练习,如篮球

---

① 列夫·舍斯托夫. 在约伯的天平上[M]. 董友,徐荣庆,刘继岳,译. 上海:上海人民出版社,2004:170.

中的投篮、足球中的射门等,并将其合理地组合到教学课的内容中去;②善于使用易于激发兴趣的练习手段,如有竞争性的活动性游戏、比赛等;③善于采用易于激发兴趣的组织教法,如有对抗性的、动态的和连续性的组织教法等,同时要尽量压缩单调枯燥、简单重复的组织教法。以上教学方法、组织形式的改变使学生更加焕发活力,课堂互动氛围变得更加浓厚,激发了学生运动技能练习的积极性。

但是,不同项目之间学生运动技能达成效果呈现显著性差异,采用《青少年运动技能等级标准》中的三级标准(入门级),对篮球和足球、网球、武术4个项目的高三专项化学生进行测试,发现部分项目仍然有30%以上学生未达到入门等级三级水平,距离自主比赛的程度更有一定距离。自主性参与比赛是学生有效掌握一项运动技能,从学习转化为应用,将技战术结构化的重要体现。学生如果不能自主参与比赛,将体验不到运动项目的技战术真谛,感悟不到运动项目所带来的内在魅力。高中专项化体育课程的重要目标是消除学生运动技能的零基础现象,帮助每位学生掌握1~2项运动技能。可见,此项目标尚未完全达成,部分学生的运动技能学习效果欠佳。

6.1.2 不同项目间运动技能达成效果差异明显的原因分析

为了进一步查找问题产生的原因,针对影响专项化学生运动技能达成效果的因素,分别对专项化体育教师和学生进行了问卷调查(表6-1)。

表6-1 专项化学生运动技能达成效果影响因素调查表(多选)

影响因素	教师/%	学生/%	X^2
运动项目本身难度	50.2	69.2	
运动项目开设不足	28.7	30.6	
场地器材	19.2	18.8	
学生前期运动基础较差	61.6	45.3	23.31
部分专项教师执教能力不足	53.0	52.1	
学生学习动机影响	49.5	38.0	
家庭环境影响	19.7	19.2	
学习意志影响	38.6	39.6	

由表 6-1 的调查结果可知，在运动技能达成效果影响因素方面，教师和学生得分未呈现显著性差异（$X^2=23.31$，$p>0.05$）。专项教师认为影响学生运动技能达成效果的因素排序依次为：学生前期运动基础较差、部分专项教师执教能力不足、运动项目本身难度、学生学习动机影响、学习意志影响、运动项目开设不足、家庭环境影响、场地器材，分别占 61.6%、53.0%、50.2%、49.5%、38.6%、28.7%、19.7%、19.2%。学生认为影响专项化学生运动技能达成效果的因素排序依次为：运动项目本身难度、部分专项教师执教能力不足、学生前期运动基础较差、学习意志影响、学生学习动机影响、运动项目开设不足、家庭环境影响、场地器材，分别占 69.2%、52.1%、45.3%、39.6%、38.0%、30.6%、19.2%、18.8%。根据调查结果，排在前几位的分别为：运动项目本身难度、部分专项教师执教能力不足、学生前期运动基础较差。可见，"教什么"及"如何教"在专项化体育课程运动技能教学中显得尤为重要。

在"教什么"方面，究竟选择什么样的运动技能进行教学是必须面对的问题。根据问卷调查结果，部分运动项目本身的难度影响了专项化学生运动技能学习的积极性。例如，学生对羽毛球、乒乓球等项目入门快一点，而对武术、网球项目则入门慢一点。运动项目本身难度的增加，一定程度上会引起学生体育学习兴趣的下降。这就要求专项教师一方面在教学中优化运动项目的技术难度，另一方面突出运动项目开设的选择性和实用性。换言之，运动项目的开设需要符合以学生为主体，满足学生的兴趣需求的理念。据调查，上海市高中专项化体育课程改革实施中学校运动项目的开设，已经尽可能考虑到实际条件及学生兴趣需求，把深受学生喜爱且普及性强的篮球、排球、足球、乒乓球、羽毛球、网球、体育舞蹈等项目作为主教类项目，努力做到了面面俱到，体现了以学生发展为中心的教育理念。根据 1981 名专项化学生的问卷调查数据显示，85%的学生能够选到自己喜欢的运动项目。由此可知，上海市高中专项化体育课程在"教什么"方面做得比较好，即运动项目的开设理念是没有问题的。

在"教什么"得到解决之后，"如何教"显得尤为重要。这就要求：首先，专项教师需要具备运动技能教学能力。根据上海市教委的统计数据显示，目前上海市高中专项体育教师对口率仅占 52%，其中一个主要原因是 40 岁以上的老教师基本上以教授田径、体操专项为主。对于这些教师而言，第一学年，教授学生基本技术动作还可以胜任；第二学年，随着学生运动技术的提高，对专项教师的专业能力提出挑战，许多专项体育教师明显感觉力不从心。此外，近些年体育教育专业毕业学生术科能力下滑是不争的事实，在"宽口径、广适应"的"复合型"人才培养目标引领下，体育教育专业人才培养较少关注教师的"教育教学能力"[1]。课堂观察发现，部分专项教师教育教学能力缺乏，对运动项目的本质特征缺乏深入了解，教学方法停留于传统的单元切割模式，忽视了比赛情境下运动技术之间的协调与衔接，导致学生学练方式中静态的单个技术教学较多，组合性或连接性的动作练习、比赛性练习较少，使得部分项目学生的运动技能停留在粗略掌握阶段，影响了运动技能学习的强化和巩固。

其次，是否根据高中学生的学习水平和运动项目特征，建立运动技能一体化的教学内容体系，将会影响学生的运动技能学习进程。只有当知道学生各个年龄阶段最适合他们发展的那些体育知识、技术，同时又知道这些体育知识、技术在学生身上是遵循着怎样的发展规律的时候，才有信心说"这样的体育知识、技术，在这个年龄教学是最适合学生发展的"[2]。运动项目教学内容一体化体系的缺乏，将导致国内针对某个项目进行运动技能教学，多从教学经验出发，缺乏逻辑性衔接。美国运动技能教学内容层次分明，对不同水平的学习者所学习的内容进行系统、全面的规定，做到了循序渐进、逐级提高[3]，可以对国内某专项教学内容体系的构建起到借鉴作用。

再次，在教学过程中，专项教师是否充分考虑了运动项目群的特征，也是影响学生运动技能学习进程的重要因素。相关实验证明：不同类型的运动技能表现出不同的保持特征[4]。滑雪、骑自行车等技能，一旦习得将终生不会遗忘，而"操舞类"项目需要进行经常性练习。太极拳、跳高等闭锁式运动技能，其运动结构具有可塑性和灵活调节性，但在执行和纠正运动技能时，需要注意力高度集中。球类项目、跆拳道、拳击等开放式运动技能，执行动作技能时很少需要注意力调整且速度快，但根据环境变化所执行动作技能的有效性不高。这就要求教学时需要根据运动技能的特征，采用不同的教学方法，把握不同运动技能的习得规律。

---

[1] 唐炎. 现行体育教育本科专业课程方案存在的问题与改进建议[J]. 体育学刊，2014，21（2）：61-64.
[2] GREG PAYNE，耿培新，梁国立. 人类动作发展概论[M]. 北京：人民教育出版社，2008：36.
[3] 陈荣梅，孙国友. 美国小学体育运动技能教学及其启示[J]. 教学与管理，2016（4）：57-58.
[4] 黄志剑，邵国华. 不同类型运动技能保持特征的比较研究[J]. 体育科学，2008，28（9）：66-69，79.

相关实验证明，球类项目的教学过程应主要采用 B 型"完整→分解→完整"的教学方法组合[①]。

最后，在专项化教学过程中，是否充分考虑到学生前期运动基础差异尤为必要。课堂观察发现，高一学生运动能力参差不齐，很多学生跑、跳、投等基本运动能力欠缺，难以跟得上学习进度。

X 同学认为：经过 3 年的专项化体育课程学习，与他当初选这个项目的期望值还是有一定差距的。由于早期运动基础较弱，在高一时教师教一些基本技战术内容，他还能够跟得上学习进度，而到了高二、高三时，教师教学基本以组织一些技战术比赛为主，他便成了旁观者的角色。久而久之，他便对专项化体育课程丧失了信心。此类现象不在少数。

由此可见，在专项化体育课程教学过程中，专项教师根据学生现有的运动技能水平进行分层教学，保障每一级的学生都对应相应的学习内容，就显得尤为必要。毕竟高中专项化体育课程改革的主要目的是帮助全体学生掌握 1~2 项运动技能，消灭零基础现象。改革前，传统的选项体育课教学时，每位学生在高中 3 年时间内可接受 3~5 个项目的综合性学习，在一定程度上提高了学生运动参与的选择性，不会出现部分项目学生明显跟不上队的现象。面对以上问题，如果专项体育教师不积极应对、重点关注，久而久之，将会导致这些学生在学习过程中消极应付，造成两极分化。为此，专项教师应该重点加强"如何教"的能力培养，准确把握运动项目的技能特征，注重学生的个体差异，确保每位学生运动技能的提高。

6.2 课程改革后专项化学生课堂身体活动水平仍有较大提升空间

6.2.1 专项化学生课堂身体活动水平达成效果欠佳的问题表现

根据测评结果，高中专项化体育课程改革实施以来，课堂平均身体活动水平有所提高，但整体提高幅度不大。这主要体现在以下 3 个方面。其一，上海市高

[①] 李文柱，王健，曲鲁平. 不同学段男生足球运动技能习得过程的教学实验研究[J]. 天津体育学院学报，2006，21（2）：126-128.

中专项化体育课程静态练习时间占课堂平均百分比为 41.7%，中高强度身体活动时间所占比例为 21.7%。换言之，一堂 80 min 的专项体育课中仅有 17.4 min 的中高强度身体活动时间，大部分时间为无身体活动时间。其二，不同项目专项班中高强度身体活动水平呈现出显著性差异。部分项目中高强度身体活动水平过低，如武术、排球等项目静态时间达到 50%以上，中高强度身体活动时间仅在 15%以内。其三，专项体育课基本部分作为课堂主体部分，中高强度身体活动时间比例与整堂课中高强度身体活动时间相比明显减少，平均为（15.8±7.5）%。总之，上海市高中专项化体育课程中高强度身体活动时间距离国际上 *Healthy People 2010*（《健康国民 2010》）提出的推荐量仍有一定距离。中高强度身体活动时间不足，将会导致专项体育课程对学生健康促进效益不足，达不到相应的健身育人效果。毕竟，运动强度是衡量一堂课教学效果的重要体现，学生一堂课下来如果未出汗，健康促进效益将会大打折扣。

6.2.2　专项化学生课堂身体活动水平达成效果欠佳的原因分析

为了进一步查找影响高中专项化学生体育课堂身体活动水平的原因，本研究进行了高中专项化学生体育课堂身体活动水平影响因素的调查。调查指标确定，主要参考胡永红[①]对有效体育教学影响因素的划分，沈丽群等[②]对体育课堂教学质量评价维度的划分，结合高中专项化体育课程的特点，从指标的代表性、可操作性及数据的可获取性原则出发，归纳影响高中专项化体育课程身体活动水平的因素，包括 5 个方面。一是学生因素，重点考虑以（X_1）学生性别、（X_2）学生年级、（X_3）BMI、（X_4）学生对专项化体育课程的喜爱程度、（X_5）学生个人运动技能掌握情况作为观测变量。二是教师因素，主要考虑以（X_6）专项教师所教项目对口度、（X_7）专项教师在体育课中身体活动时间作为观测变量。三是课堂教学过程性因素。陈昂等[③]研究发现，教学内容和课堂时间与学生体质健康促进效益高度相关。本研究重点考虑教学内容安排，分别以（X_8）教学内容数量、（X_9）有无专项体能练习、（X_{10}）学生对教学内容安排的满意度作为观测变

---

① 胡永红. 有效体育教学的理论与实证研究[D]. 福州：福建师范大学，2009.
② 沈丽群，季浏，王坤. 我国中小学体育课堂教学质量评价指标体系的构建——基于质性研究[J]. 天津体育学院学报，2015，30（3）：211-215.
③ CHEN A, SUN H, ZHU X, et al. Influence of personal and lesson factors on caloric expenditure in physical education[J]. Journal of sport and health science, 2012, 1(1): 49-56.

量。其中，教学内容数量可分为 1 项、2 项、3 项，以及 3 项以上；其他过程性要素分别采用（X_{11}）组织练习形式调动积极性程度、（X_{12}）教学方法使用合理程度、（X_{13}）运动密度作为观测变量。四是课堂环境性因素。课堂环境性因素主要包括课堂物质环境和心理环境两个方面。（X_{14}）气候因素，以春（10～22℃）、夏（>22℃）、秋（<22℃）、冬（<10℃）作为观测变量，课堂物质环境主要采用（X_{15}）学生对场地质量的满意程度；心理环境因素，主要采用（X_{16}）下节课有无文化课、（X_{17}）课堂教学氛围融洽度作为观测变量。五是课堂类型因素。主要采用（X_{18}）课堂类型作为观测变量，可分为新授课、复习课、考核课、综合课（新授、复习内容都有的课）4 种类型。高中专项化体育课程学生身体活动水平（Y）主要是指课堂中高强度身体活动水平，作为本研究的因变量，假设以上因素均与高中专项化体育课程学生身体活动水平存在相关关系。

（1）变量数据的获取

在本研究中，X_1、X_2、X_{17}、X_6、X_{11}、X_{12}、X_{16}、X_4、X_{15}、X_{10} 的数据主要通过问卷方式获取；X_3、X_5、X_7、X_8、X_9、X_{13}、X_{14}、X_{18} 的数据主要通过课堂观察、记录及测试方式获取（表 6-2）。

表 6-2 高中专项化体育课程学生身体活动水平的影响因素及数据获取方式

一级指标	二级指标	观测指标	数据获取方式
1. 学生	（1）人口学特征	X_1 学生性别	问卷
		X_2 学生年级	问卷
		X_3 BMI	现场测试
	（2）对专项化体育课程的喜爱程度	X_4 学生对专项化体育课程的喜爱程度	问卷
	（3）运动技能掌握情况	X_5 学生个人运动技能掌握情况	运动技能标准测试
2. 教师	（4）专项对口度	X_6 专项教师所教项目对口度	问卷
	（5）与学生共同参与运动	X_7 专项教师在体育课中身体活动时间	加速度计测试
3. 课堂教学过程	（6）教学内容安排	X_8 教学内容数量	课堂观察、记录
		X_9 有无专项体能练习	课堂观察、记录
		X_{10} 学生对教学内容安排的满意度	问卷

续表

一级指标	二级指标	观测指标	数据获取方式
3.课堂教学过程	（7）课堂练习形式	X_{11} 组织练习形式调动积极性程度	问卷
	（8）教学方法	X_{12} 教学方法使用合理程度	问卷
	（9）学生练习时间	X_{13} 运动密度	课堂观察、记录
4.课堂环境	（10）物质环境	X_{14} 气候因素	课堂记录
		X_{15} 学生对场地质量的满意程度	问卷
	（11）心理环境	X_{16} 下节课有无文化课	问卷
		X_{17} 课堂教学氛围融洽度	问卷
5.课堂类型	（12）课堂类型	X_{18} 课堂类型	课堂观察、记录

根据研究需要，在研究过程中，对影响高中专项化体育课程学生身体活动水平的因素进行了观察记录。观察分为预观察、正式观察两个阶段。预观察包括录像观察和现场观察，主要目的有两个：①获取影响高中专项化体育课程学生身体活动水平的指标，为以后设计专项化体育课程学生身体活动水平影响因素调查问卷和观察记录表提供依据；②熟悉高中专项化体育课程教学的结构特征，为课堂观察时尽快进入角色做准备。正式观察以常规状态下的高中专项体育课为观测对象，共观察 195 节，并进行课堂录像。

（2）高中专项化体育课程学生身体活动水平影响因素的相关分析

为讨论因变量高中专项化体育课程中高强度身体活动水平，与上述 18 个自变量的相互依存程度，本研究通过 SPSS 22.0 对相关变量数据进行相关性分析。

如表 6-3 所示，高中专项化体育课程学生身体活动水平与学生性别、学生年级、对专项化体育课程的喜爱度、学生个人运动技能掌握情况的线性相关具有显著性（$p<0.05$），相关系数分别为-0.437、0.214、0.520、0.142；与专项教师在体育课中身体活动时间、有无专项体能练习、学生对教学内容安排的满意度、组织练习形式调动积极性程度、教学方法使用合理程度、运动密度的线性相关具有显著性（$p<0.01$），相关性系数分别为 0.272、0.192、0.142、0.108、0.059、0.100；与气候因素、学生对教学场地质量的满意程度、下节课有无文化课、课堂教学氛围融洽度的线性相关具有显著性（$p<0.05$），相关系数分别为 0.142、0.146、0.192、0.199。

表 6-3　高中专项体育课学生身体活动水平相关变量分析结果一览表

	Y	X_1	X_2	X_3	X_4	X_5	X_6	X_7	X_8	X_9	X_{10}	X_{11}	X_{12}	X_{13}	X_{14}	X_{15}	X_{16}	X_{17}	X_{18}
Y	1																		
X_1	-0.437^{**}	1																	
X_2	0.214	-0.101^*	1																
X_3	-0.070	-0.037	-0.036	1															
X_4	0.520^{**}	0.099^*	-0.080	-0.078	1														
X_5	0.142^{**}	-0.040	-0.037	-0.048	-0.005	1													
X_6	0.033	-0.060	-0.065	-0.070	-0.064	0.863^{**}	1												
X_7	0.272^{**}	-0.127^{**}	-0.011	-0.031	-0.105^*	0.070	0.066	1											
X_8	-0.023	-0.122^*	0.136^{**}	-0.053	-0.036	-0.067	0.005	0.035	1										
X_9	0.192^{**}	-0.120^{**}	0.122^*	-0.026	-0.043	0.426^{**}	0.467^{**}	0.035	-0.011	1									
X_{10}	0.142^{**}	-0.040	-0.037	-0.048	-0.005	1.000^{**}	0.863^{**}	0.070	-0.067	0.426^{**}	1								
X_{11}	0.108^{**}	-0.107	0.086	0.020	-0.029	-0.040	0.011	0.023	0.744^{**}	-0.012	-0.040	1							
X_{12}	-0.059	-0.084	0.186^{**}	-0.004	-0.044	-0.077	-0.021	0.068	0.673^{**}	-0.057	-0.077	0.746^{**}	1						
X_{13}	0.100^{**}	-0.437^{**}	0.014	-0.070	-0.052	0.142^{**}	0.133^{**}	0.272^{**}	-0.023	0.092	0.142^{**}	0.008	-0.059	1					
X_{14}	0.142^{**}	-0.040	-0.037	-0.048	-0.005	1.000^{**}	0.863^{**}	0.070	-0.067	0.426^{**}	1.000^{**}	-0.040	-0.077	0.142^{**}	1				
X_{15}	0.146^{**}	-0.192^{**}	0.111^*	-0.150^{**}	-0.057	-0.081	-0.059	-0.101^*	0.581^{**}	-0.035	-0.081	0.546^{**}	0.460^{**}	0.046	-0.081	1			
X_{16}	0.192^{**}	-0.120^{**}	0.122^*	-0.026	-0.043	0.426^{**}	0.467^{**}	0.035	-0.011	1.000^{**}	0.426^{**}	-0.012	-0.057	0.092^*	0.426^{**}	-0.035	1		
X_{17}	0.199^{**}	0.075	0.112^*	0.013	-0.021	0.047	0.026	0.042	0.836^{**}	-0.023	0.047	0.820^{**}	0.742^{**}	-0.099^{**}	0.047	0.505^{**}	0.023	1	
X_{18}	0.142^{**}	-0.040	-0.037	-0.048	-0.005	1.000^{**}	0.863^{**}	0.070	-0.067	0.426^{**}	1.000^{**}	-0.040	-0.077	0.142^{**}	1.000^{**}	-0.081	0.426^{**}	-0.047	1

*在 0.05 水平两侧上显著相关。

**在 0.01 水平两侧上显著相关。

6 高中专项化体育课程改革存在的主要问题及问题产生的原因分析

（3）回归分析

为进一步探讨因变量与所有自变量之间的关系，避免重复共线性现象，本研究剔除与专项化体育课程学生身体活动水平不相关变量，采用多元线性回归的方法，探讨高中专项化体育课程学生身体活动水平与各自变量之间的关系。在进行多元回归分析时，为了使回归模型具有良好的统计性质，有效地对模型中的回归系数进行统计检验，首先需要检验各变量之间是否存在线性关系（即有无多重共线性）。结果显示，因变量的方差膨胀因子（VIF）均小于10，适合做回归分析。

为探究各因子与高中专项化体育课程学生身体活动水平之间的关系，将与高中专项化体育课程学生身体活动水平显著性相关的指标：X_1学生性别、X_2学生年级、X_4学生对专项化体育课程的喜爱程度、X_5学生个人运动技能掌握情况、X_7专项教师在体育课中身体活动时间、X_9有无专项体能练习、X_{10}学生对教学内容安排的满意度、X_{11}组织练习形式调动积极性程度、X_{13}运动密度、X_{14}气候因素、X_{15}学生对场地质量的满意程度、X_{16}下节课有无文化课、X_{17}课堂教学氛围融洽度作为自变量，课堂中高强度身体活动水平作为因变量，归入模型进行多元线性回归分析。考虑到自变量之间可能会存在共线性关系，进而影响到本研究的结果，故进一步对其是否有共线性关系进行检验，衡量指标显示容忍度（Tolerence）均大于0.1（表6-4）。

表6-4 高中专项化体育课程中高强度身体活动水平的多元线性回归分析

观测指标	回归系数 B	标准误差（Std.Error）	标准回归系数	t	p	容忍度（TOL）	VIF
X_1学生性别	-1.303	0.150	0.023	9.070	0.063	0.762	1.313
X_2学生年级	1.904	0.110	0.129	5.700	0.070	0.202	4.954
X_4学生对专项化体育课程的喜爱程度	3.431	0.230	0.210	6.000	0.035	0.967	1.034
X_5学生个人运动技能掌握情况	1.804	0.110	0.029	5.700	0.060	0.202	4.954
X_9有无专项体能练习	3.491	0.050	0.205	8.050	0.036	0.770	1.299
X_{13}运动密度	1.013	0.130	0.100	7.000	0.039	0.744	1.344
X_7专项教师在体育课中身体活动时间	1.617	0.320	0.006	0.890	0.700	0.920	1.087

续表

观测指标	回归系数 B	标准误差（Std.Error）	标准回归系数	t	p	容忍度（TOL）	VIF
X_{10} 学生对教学内容安排的满意度	2.317	0.270	0.205	0.170	0.029	0.920	3.034
X_{11} 组织练习形式调动积极性程度	1.537	0.210	0.290	0.050	0.018	0.920	1.087
X_{15} 学生对场地质量的满意度	0.915	0.021	0.273	0.178	0.019	0.920	2.047
X_{14} 气候因素	1.617	0.320	0.031	0.090	0.720	0.920	4.017
X_{16} 下节课有无文化课	1.907	0.005	0.123	0.259	0.031	0.920	1.037
X_{17} 课堂教学氛围融洽度	0.915	0.021	0.273	0.178	0.019	0.920	2.047

如表 6-4 所示，X_4、X_9、X_{10}、X_{11}、X_{16}、X_{17} 对专项化体育课程学生中高强度身体活动水平具有显著性影响（$p<0.05$），标准回归系数分别为 0.210、0.205、0.205、0.290、0.123、0.273。由此可知，学生对专项化体育课程的喜爱程度、有无专项体能练习、教学内容安排的满意度、组织练习形式调动积极性程度、下节课有无文化课、课堂教学氛围融洽度对专项化体育课程学生身体活动水平产生显著性影响，下面将展开进一步的讨论。

学生对专项化体育课程的喜爱程度是课堂身体活动水平的重要影响因素。这也符合一般经验性结论，即"知""情""意""行"是由知觉、情感到行为逐步上升的整合过程。学生只有喜欢所学内容，才能产生运动兴趣，参与体育锻炼的动机才能不断提高，课堂身体活动水平才会提高。高中专项化体育课程学生身体活动水平与学生个人运动技能掌握情况正相关，但回归分析结果显示，学生个人运动技能掌握情况不是学生身体活动水平的最主要影响因素。这似乎有悖常理，与前期相关学者的研究结论——"学生的运动技能水平越高，身体活动水平越高"存在一定矛盾[1]。究其原因，可能与专项体育课教师的组织练习形式存在一定关系。笔者通过课堂观测发现，上海市高中专项化体育课程教学中，运动技能水平较高的学生课堂身体活动水平反而较低。这充分反映在专项化体育课程教学过

---

[1] KHODAVERDI Z, BAHRAM A, STODDEN D, et al. The relationship between actual motor competence and physical activity in children: Mediating roles of perceived motor competence and health-related physical fitness[J]. J sports sci, 2016, 34 (16): 1523-1529.

程中，存在运动技能好的学生"吃不饱"、差的学生"吃不了"的现象。因此，专项教师应根据学生运动技能水平，有效地进行分层分组教学，调动不同层次学生上课的积极性。

学生对教学内容安排的满意度、组织练习形式调动积极性程度、有无专项体能练习是专项化体育课程学生身体活动水平的重要影响因素。这也符合体育课堂教学的一般规律，运动项目的不同性质决定了体育课身体活动水平，如"操舞类"项目要比体能类项目身体活动水平低。同时，体育课堂的教学内容分为有效内容和无效内容，课堂教学中的无效内容过多，趣味性、竞争性、挑战性不足，将会导致学生参与积极性下降。只有具有活动性、刺激性、变化性、竞争性和技巧性的体育教材，方能符合青少年的心理发展特点，激发学生积极的运动兴趣[①]。因此，专项教师在教学中应该针对部分内容进行教材优化，提高教学内容吸引力，从而激发学生练习兴趣。

专项体能练习缺乏也是影响课堂身体活动水平的重要原因。1978 年，教育部颁布的《全日制十年制学校小学体育教学大纲（试行草案）》《全日制十年制学校中学体育教学大纲（试行草案）》中首次提出"课课练"概念，旨在通过一定时间的身体素质练习增强学生体质。对于新时期专项化体育课程而言，"课课练"的重点在于专项体能练习，关键难点在于教师运动技术教学与学生身体练习的高度融合。此外，体育课堂组织是大部分学生不愿意进行身体活动的一个重要因素，这就要求专项体育教师尽可能采用新奇、竞争、合作、对抗性的练习方式，激发学生自觉主动地进行体育锻炼。专项化体育课程身体活动水平与"体育教学方法"未达到显著性水平。换言之，教了技术不等于锻炼身体，讲解、示范、纠正错误等教学方法不能等同于身体练习的方法。

高中专项化体育课程身体活动水平与学生对场地质量的满意程度存在相关关系，但未达到显著性水平。该结果说明，场地设施等硬件条件不是影响高中专项体育课身体活动水平的主要因素。调研发现，上海市高中专项化试点学校的确存在场地不足的问题，但在场地器材准备不完全充分的情况下，相对于 25～30 人的专项体育课而言，如果教师组织形式安排合理，课堂质量就不会受到明显影响。气候因素与课堂身体活动水平显著性相关，但也不是主要影响因素，这可能与上海市所处的地区有关。根据国家天气预报显示，一年中上海市整体气候温和湿润，冬夏长、春秋短、冬天不寒，而 7—8 月正处于暑假，学生处于休假中不上体育课。此结论对于其他地区有待进一步验证。

---

① 谢卓锋. 体育教学内容选择依据的综述[J]. 中国学校体育，2010（3）：28-29.

回归分析的结果也进一步证实了，高中专项化体育课程学生的身体活动水平与学业压力显著性相关。如果专项化体育课程没有安排在每天上午或者下午的最后两节，将一定程度上导致学生无暇顾及体育运动，影响学生课堂运动参与程度。《上海市高中专项化体育课程改革指导意见（试行）》中，对专项化体育课程开设时间也提出了明确要求。然而，专项化体育课程改革实施以来，许多学校排课难度增加，在密密麻麻的课程表面前，专项化体育课程的排课难度更大。此外，课堂氛围融洽度也是影响课堂身体活动水平的重要因素，尤其是学生之间的同伴关系。积极的同伴关系，使学生在运动过程中，互相进步，共同成长[①]。由此提示，在教学过程中，搭建互动性强、有教育意义的分组是非常有必要的。然而，课堂观察发现许多专项教师在教学过程中，由于惰性的驱使，疏于对课堂进行合理的教学设计。

从课堂类型与专项化学生身体活动水平来看，二者存在相关关系，但未达到显著性水平。按照常理而言，新授课学生的身体活动水平较低，复习或者考核课的身体活动水平较高。但该结论说明，即使在新授课教学过程中，合理加入专项体能练习，技术教学过程中采用合理的组织练习形式，也可以调动学生上课的积极性，避免学生身体活动水平的下降。因此，不管什么类型的专项化体育课程，均可通过多样的学练手段和补偿性的练习方式达到相应的运动强度要求。

总之，通过对高中专项化体育课程学生身体活动水平的测评可以看出，专项体育课学生的身体活动水平整体较低，这与专项体育教师的课堂教学设计能力，是否依据学生个体差异展开分层、分组教学，以及学生的学业压力显著性相关。建议在专项化体育课程教学过程中，增强专项体育教师教学设计能力，实现原地运动到具有位移运动的转换；合理探究运动技能形成规律与增强体质规律的关系；根据学生个体差异有效制定运动处方，针对学生差异有针对性地设计教学；将体育纳入学业质量考试。

6.3　高中专项化体育课程体育品德的培养价值有待展现

6.3.1　专项化学生体育品德培养价值有待展现的问题表现

采用 NVivo 情感分析功能，对高中专项体育教师、专家的体育品德访谈资料进

---

① 李海燕，燕凌，耿嘉梅，等. 基于体育课堂的青少年同伴关系考察[J]. 沈阳体育学院学报，2018，37（1）：107-112.

行情感分析，发现大部分专项教师对高中专项化体育课程体育品德培养的价值认同呈现正向感知状态。但是仍然存在诸多问题，具体体现在以下3个方面。其一，专项教师对专项化体育课程体育品德培养的内涵及特性认知不足。专项体育课程作为以运动技能教学为主体的"实践表现型"课程，内存体育品德培养价值。因此，专项化学生的体育品德培养主要是在学生情感体验与实践中形成的。换言之，专项化体育课程体育品德培养，既不是在教学过程中刻意教授体育品德，也不是与体育品德教育有机融合，而是展现出其内在的实践价值。其二，专项教师对于专项化体育课程体育品德培养结构及内在机理是什么认知不清。专项体育课程在运动技能教学过程中，各项目运动技能教学的德育元素有待挖掘，缺乏进一步梳理。部分专项教师对不同项目教学内容所蕴含的德育元素不了解，缺乏对德育教材内容的深入挖掘。其三，专项化体育课程体育品德教学过程操作性欠缺。目前，专项教师体育品德培养以"经验式"为主，体育品德目标制定与内容呈现未达到有效统一、体育品德评价的操作性不强、体育品德方法渗透时机不合理。众多教师在撰写专项化体育课程教案时，缺乏有效的指导。这导致的结果是，体育品德教学目标制定模糊不清，教案撰写的内容千篇一律。专项化体育课程教学过程中，部分教师没有将运动技能和道德教育有机结合起来，违反考试制度、违反体育竞赛规则、大声说笑、对其他学生进行侵犯等体育失范现象屡有发生。可见，高中专项化体育课程改革对学生体育品德的培养仍有提高的空间。

6.3.2 专项化学生体育品德培养价值有待展现的原因分析

为了进一步发现专项化体育课程体育品德培养影响因素，本部分采用NVivo质性分析软件，结合教师、专家的访谈记录，对上海市高中专项化体育课程体育品德培养影响因素进行了编码分析，同时进一步构建了专项化学生体育品德培养的影响机理。

如表6-5所示，经过NVivo的编码，观察专项化体育课程体育品德影响因素编码表发现，德育环境因素节点参考点数为25，教师因素节点参考点数为33，学生因素节点参考点数为29，德育理论因素节点参考点数为17，其他因素，如体育教学安全事故影响因素节点参考点数为16。其中，编码条目最多的是专项教师体育品德教育观念认知和德育实践能力缺乏。教师体育品德教育能力包括敏锐感知道德问题的能力、有效针对德育目标进行教学设计的能力等，编码条目36个；编码条目最少的为体育教学安全事故影响，编码条目16个。就其编码条目数在总条目数中的均值而言，超过均值的即为核心影响因素，小于均值的即为非核心影响因素。编码条目越多，说明对体育品德培养更为重要[①]，可见教师体育品德观念认知和德育实践能力缺乏为最核心影响因素。

表6-5 专项化体育课程体育品德培养影响因素编码表

核心编码	主轴编码	初始编码	参考点内容举例
影响因素	德育环境因素（25）	规章制度缺乏（27）	有些学校专项化教学大纲或者教案中并未涉及
		社会道德观念淡薄（15）	受社会不良风气影响，道德教育缺失
	教师因素（33）	观念认知（36）	认为体育教学的主要任务是增强体质、传授技能
		年龄段影响（29）	年龄较高的教师更加关注学生体育品德培养
		德育实践能力缺乏（36）	教师在德育内容选择、方法渗透等方面能力不足
		道德修养不足（33）	教师自身修养不够、思想水平不高，缺乏表率
	学生因素（29）	道德认知不足（29）	有学生尚未体会到体育课堂对品德培养的重要性
		情感体验不足（35）	对体育课兴趣不高，喜欢体育而不喜欢体育课
	德育理论因素（17）	德育理论构建不足（17）	缺乏理论指导，不知如何实施体育德育，如德育评价观念滞后，德育形式化、随意化
	其他因素（16）	体育教学安全事故影响（16）	由于体育教学安全事故影响，教师无暇组织大强度体育活动

为了进一步剖析专项化学生体育品德影响机理，以体育品德形成过程为主线，结合学生因素、教师因素、德育环境因素、德育理论因素4个核心范畴，以"知—情—意—行"为路径，在厘清它们之间逻辑关系基础之上，形成如下逻辑线：体育品德的形成机理内涵是，专项教师在一定体育品德培养环境和德育理论支撑下，对学生施加影响，帮助学生形成道德认知，形成道德感情和意志，最终形成体育品德行为的过程。可见，体育品德是学生在由外到内的情感体验过程中逐渐形成的。

[①] 陈升，潘虹，陆静. 精准扶贫绩效及其影响因素：基于东中西部的案例研究[J]. 中国行政管理，2016（9）：88-93.

6 高中专项化体育课程改革存在的主要问题及问题产生的原因分析

如图 6-1 所示，专项化体育课程育人过程是在一定德育环境下进行的，是教师和学生共同参与、双向互动的教育活动。专项化体育课程体育培养过程可以归结为：①专项化体育课程的育人过程与心理学的"认知—情感—意识—行动"过程相符；②专项化体育课程育人过程是一个有机整体，其构成性要素有 4 个，即教师、学生、德育理论（包括德育内容、形式和载体等）、德育环境，这些要素在专项化体育课程育人过程中相互联系、相互影响；③德育环境和德育理论支撑起到了良好的中介作用，体育品德教育不能脱离学校和社会环境支撑，教育个体最终意义上是教育与环境的产物；④最终目的是体育品德教育的"知行合一"，没有"行"，"知"便不能完成。

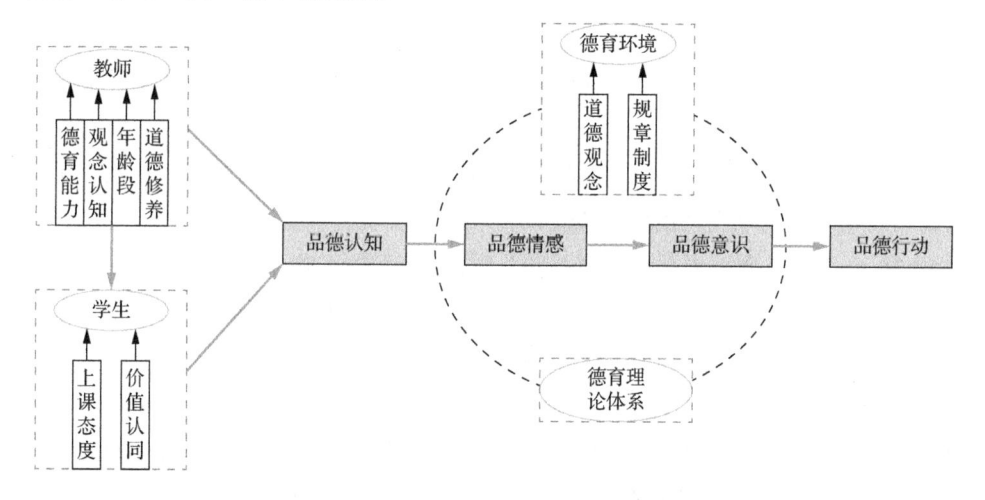

图 6-1 专项化体育课程体育品德培养影响机理模型

根据影响因素中编码的数量，对访谈文本进一步深入分析发现，专项化学生体育品德的培养主要受到以下 4 个方面因素的影响。

其一，体育品德教育不可能脱离学校德育环境的支撑。专项化体育课程在培养学生体育品德方面，虽然具有自身优势与项目特征，但只是学校道德教育的一个重要切入点。依照参考节点的数量，德育环境因素节点下属的自由节点分别为规章制度缺乏（27）、社会道德观念淡薄（15）。随着社会改革开放，以及外来文化的渗入，人们的社会价值观发生深刻的变化。据统计，校园欺凌现象频有发生，2014—2015 年，经由媒体曝光的校园欺凌事件共计 43 起[①]。学校德育环境的

---

① 马婧．佚名．中国校园欺凌现象调查：为什么他们要欺负我[EB/OL]．（2016-12-12）[2022-09-11]．https://xiaoxue.eol.cn/focus/anquan/201612/t20161212_1475096.html．

缺失，无形之中给学校体育品德教育造成一定影响。访谈者 D 教师认为，受"学习成绩至上"观念的影响，学生道德品质未纳入衡量教学质量高低的标准，学生规则意识、意志品质、团队精神的培养缺乏，体育教学只停留于技能传授，至于体育品德的培养，一些领导或者教师认为无足轻重。

早期的体育教学，由于过于侧重运动技能等外显性知识渗入，缺乏对学生价值观、思维模式、审美方式等方面的培养，使得体育品德教育处于式微状态。此外，制度保障是专项化体育课程体育品德教育工作有效实施的重要着力点。虽然体育品德已经纳入《普通高中体育与健康课程标准（2017 年版）》，但是很多专项化实施学校在教学大纲中较少涉及，一些指导性文件，如专项化体育课程体育品德教育手册有待制定。或者说，虽然有所涉及，但缺乏常态化、精细化推进。总之，学校德育生态环境的建构是实现专项化体育课程体育品德培养的基本保障。

其二，专项教师的德育认知是学生体育品德培养的关键出发点。观察专项体育课程体育品德培养影响因素的编码结果，可以发现教师德育认知编码点数最多，达到 36 个。一方面，受传统"竞技论""体质论"的影响，许多专项体育教师未走出"德育由专门课程具体实施"的误区，认为德育工作应由专门的"德育工作者"来管理。例如，一位专项体育教师谈道："专项体育课关键是把体育的元素上好，至于德育的培养，那是政治教师的事情，体育教师哪管得了这么多啊。"这种理解上的误区，使得德育目标难以有效制定。这从侧面反映出，专项体育教师育人观念，仅仅停留于知识的传授，对学生情感态度、价值观缺乏有效的判断。另一方面，专项教师未认识到专项课程对学生体育品德培养的特殊规定性，片面地将专项体育课程教学的过程等同于体育品德培养过程。大部分专项教师对体育品德培养存在理解上的偏颇，以为参与了体育运动便能帮助学生形成体育品德。事实上，专项化体育课程作为"实践表现型"课程，内存体育品德培养实践属性，不需要二者有机融合，关键在于如何实现。此外，有些教师德行修为不足，体现为言行举止不妥、人文知识储备欠缺、价值偏离。换言之，体育教师并不是单纯技术的训练者，在掌握良好技术的同时，还要有教养，必须成为具有高尚品格的教育者。通过访谈得知，年龄也是影响专项化体育课程体育品德培养效果的重要因素，有教学经验的年长教师更加重视专项化体育课程的德育效果。

其三，学生对专项化体育课程的情感体验直接影响体育品德的培养效果。情感体验是指个人在外界的刺激下，参加了某种具体的实践活动，并在活动的过程中有了自己独特的收获和经历[①]。专项化体育课程德育需要从关注"情感、态度、价值观"开始。依照参考节点的数量，学生对专项化体育课程情感体验不足占编码点数较多，达到 35 个。学生只有喜欢专项化体育课程，感知到专项化体育课程的重要性，才能产生实践行为，毕竟认知和情感是交互作用的[②]。那么，情感体验是如何产生的呢？简单来讲，认知产生情感，进而产生实践行为，这一因果关系在体育行为认知决策理论的实证研究中得到过验证[③]。这就要求在专项化体育课程教学中做好两个方面。一方面，在专项化体育课程教学过程中，学生能够接受良好的运动项目体验，这是体育品德培养的保障。雅斯贝尔斯（Jaspers）曾说："以正确的方式传授知识和技能，其本身就已经是一种对整个人的精神教育[④]。"研究显示，学生喜欢体育课与否对道德没有显著影响，但喜欢体育活动的青少年在道德行为、母亲支持和同伴支持的得分上显著高于不喜欢体育活动的青少年[③]。然而，受一些安全体育课的影响，专项化体育课程教学质量大打折扣，专项化体育课程学生身体活动强度明显不足，何谈体育品德培养价值的实现。毕竟，体育品德的培养，是学生在参与运动过程中，通过切身体验、切身感受获得的。教师如果违背教学规律，不能调动学生上课积极性，学生则体验不到专项化体育课程的育人价值。另一方面，高中是学生独立人格形成的关键时期。在尊重个体的"微文化"影响下，当代学生更加注重自我的价值和利益实现，这也体现了他们孤独、善良的个性特征。因此，如何根据高中专项化学生个性特征，在专项体育课程教学中，注重体育品德教育层次化是我们应该考虑的问题。每个人的身心发展都有其自然规律，经过"认知—情感—意志—行动"这样一个动态的发展过程[⑤]。专项体育课程可以较好地解决道德认知问题，但不易形成情感认同，要转化为学生的道德实践就更加困难。这就要求在每堂专项体育课教学过程中，尽可能让学生有收获、有成就感。

其四，专项化体育课程体育品德培养呼吁德育理论体系构建。专项体育课程在体育品德目标制定、体育品德教学内容体现、体育品德教学方法渗透、体育品德评价方面仍处于模糊状态。通过对专项化体育课程体育品德培养影响因素编码可以发现，德育理论构建是专项化体育课程体育品德培养的重要影响因素，编码

[①] 李秀茹. 情感体验：思想政治教育不可或缺的环节[J]. 中学政治教学参考，2014（9）：51-52.
[②] 施良方. 学生认知与优化教学[M]. 北京：中国科学技术出版社，1991：143.
[③] 孙延林，孙德荣，刘金有. 体育活动与青少年道德发展关系[J]. 天津体育学院学报，2007，22（4）：284-288.
[④] 雅斯贝尔斯. 什么是教育[M]. 邹进，译. 北京：生活·读书·新知三联书店，1991：49.
[⑤] 陈善平，李树茵，闫振龙. 基于运动承诺视角的大学生锻炼坚持机制研究[J]. 体育科学，2006（12）：48-55.

数量为17。教育学家杜威[①]认为道德的目的是各科教学的共同的和首要的目的。2014年4月,《教育部关于全面深化课程改革落实立德树人根本任务的意见》中明确"将社会主义核心价值观的基本内容写入德育等相关学科教材中,渗透到其他学科教材中"。然而,专项化体育课程作为立德树人的重要课程,德育理论结构体系仍然有待完善。目前,关于专项化体育课程德育机理、各项目育人特征研究较少,在"教什么、什么时候教、怎样教"方面仍然处于理论创建阶段。虽然,《普通高中体育与健康课程标准(2017年版)》中明确提出了体育品德教育目标,但在一些专项化体育课程改革实施中,对体育品德培养目标并未提出明确的要求。教师对于体育品德目标的制定仅仅写入教案一栏,缺乏完整的介绍;德育教学内容的呈现未能发挥体育项目的特点;体育品德教学方法渗透方面,在体育品德培养和启发过程中,缺乏对学生思维的启发与塑造;体育品德评价观念滞后,传统的专项化体育课程评价以运动技能、体能为主,对学生体育品德培养评价缺乏。正如一位受访者说道:当前,高中体育课程标准虽然明确提出了体育品德培养目标,专项化体育课程的实施路径更加明确,但在教学过程中,如何保持方法、评价等的一致性,仍然有待进一步探究。

综上所述,专项化体育课程体育品德的教育并非在教学中自发形成的。目前,专项化体育课程体育品德教学操作性欠缺,体育品德培养效果欠佳。这就要求我们充分根据专项化体育课程的项目特点,在运动教学过程中,突破专项体育教师德育认知障碍,充分理解各项目的育人特征,挖掘项目德育元素,构建有效的专项体育课程德育模式,重视学生情感体验,发挥其主体作用。

6.4 课程改革尚未促进学生良好身体活动行为形成

6.4.1 专项化学生有效身体活动行为尚未形成的问题表现

身体活动行为,包括学生一周身体活动的频数、强度、时间、形式4个方面。根据测评结果,高中专项化体育课程改革对学生身体活动意向、身体活动形式产生显著性影响。改革后,专项化学生自主锻炼频次明显增加,身体活动意向持积极意向,80%以上的专项化学生如果有时间,将尽量去参加体育锻炼。但是存在的问题依然明显:其一,在总的身体活动时间方面,上海市高中专项化学生在过

---

① 杜威. 道德教育原理[M]. 王承绪, 等译. 杭州: 浙江教育出版社, 2003: 183.

6 高中专项化体育课程改革存在的主要问题及问题产生的原因分析

去一周中,平均每天中高强度身体活动时间为 25.2 min（SD=10.9）,非专项化学生为 24.9 min（SD=9.6）,均没有达到国内每天 35 min 的中高强度身体活动时间推荐量,距离《中国儿童青少年身体活动指南》提出的每天 1 小时中高强度身体活动时间推荐量,更是相距甚远[①];其二,在身体活动周频次方面,仅有 30.5%的高中专项化学生达到每周 3 次以上（每天 35 min）中高强度的推荐量。可见,自上海市高中专项化体育课程改革实施以来,专项化学生的身体活动行为整体评定仍然处于较低水平。毋庸置疑,学生有效身体活动行为的养成,需要学校、家庭、社会三方的合力。但是,学校仍然是提升学生身体活动水平的主要抓手,毕竟学生的大部分时间是在学校度过的。

6.4.2 专项化学生有效身体活动行为尚未形成的原因分析

为了更加全面地分析高中专项化体育课程改革对学生身体活动行为的影响,本部分结合高中专项化体育课程改革对学生身体活动行为的影响路径展开分析。具体以提出假设→分析高中专项化体育课程改革对学生身体活动促进因素的影响→分析高中专项化体育课程身体活动促进因素、身体活动意向及身体活动行为相关关系→验证假设的思路展开。

身体活动行为受多维因素影响。国外比较成熟的应用于身体活动促进的理论模式多达 10 余种。其中,Gregory[②]在 1999 年研制的青少年身体活动促进模型包括倾向因素、促成因素、强化因素 3 个方面。倾向因素是先导性因素,主要包括态度、情感兴趣等;促成因素是指实现改变身体活动行为的条件和资源,以环境、体能、技能为主;强化因素是身体活动行为改变后的持续奖励或激励因素,包括教师、朋友支持等。在本研究中,专项化体育课程改革身体活动促进因素,以 Gregory 研制的青少年身体活动促进模型为理论基础,构建框架,编制问卷进行调查,设计了 15 个题项（见附录 2）。身体活动意向问卷,参照日本"健康日本 21"（日本政府国民健康促进计划）,制作学生参与运动意向的调研。一周身体活动数据,通过三轴加速度计,对学生进行了为期一周的身体活动跟踪测量获取。

文献研究指出,身体活动意向是行为的重要影响因素之一,几乎所有的身体

---

① 平萍.《中国儿童青少年身体活动指南》出炉[EB/OL].（2018-02-01）[2022-09-11]. http://sports.people.com.cn/n1/2018/0201/c412458-29799820.html.

② GREGORY J W. The youth physical activity promotion model: A conceptual bridge between theory and practice[J]. Quest, 1999, 51(1): 5.

活动行为都是由意向引起的[①]，方敏[②]、Bandura[③]在实证性研究中，均证明意向是行为改变的关键预测变量。身体活动意向又由态度、环境资源改造等主客观身体活动促进因素决定。基于上述讨论，提出假设：高中专项化体育课程改革后，专项化体育课程改革的身体活动促进因素，不仅对学生的身体活动行为产生直接影响，还通过身体活动意向产生间接影响（图6-2）。首先，需要分析的是高中专项化体育课程改革对学生身体活动促进因素的影响。

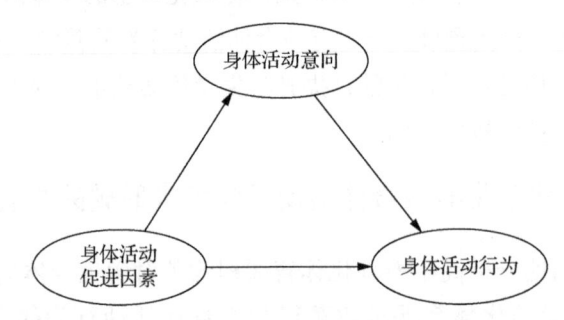

图 6-2 身体活动促进因素、身体活动意向、身体活动行为关系假设模型图

（1）高中专项化体育课程改革对学生身体活动促进因素的影响

由表 6-6 可知，高中专项化体育课程改革对学生倾向因素产生直接作用（$t=4.30$，$p<0.05$）；促成因素、强化因素虽有一定程度提高，但未产生显著性差异（$p>0.05$）。3 个维度改革后的得分均值依次为 4.26±0.79、3.16±0.56、3.18±0.79，均高于中等水平。可见，高中专项化体育课程改革后，学生对体育运动的认知、情感体验等倾向因素得分明显提高，而学生参与身体活动的环境条件，以及体能技能储备、同伴支持等促成、强化因素仍需提高。

表 6-6 专项化学生和非专项化学生身体活动促进因素一览表

身体活动促进因素	专项化学生	非专项化学生	t
倾向因素	3.86±0.22	4.26±0.79	4.30**
促成因素	3.04±0.16	3.16±0.56	0.98
强化因素	3.31±0.03	3.18±0.79	0.73

** $p<0.01$。

[①] VARSAMIS P, AGALIOTIS I. Profiles of self-concept, goal orientation, and self-regulation in students with physical, intellectual, and multiple disabilities: Implications for instructional support[J]. Research in developmental disabilities, 2011, 32(5): 1548-1555.

[②] 方敏. 青少年锻炼意向和锻炼行为的关系：中介式调节作用[J]. 上海体育学院学报，2012，36（2）：45-49.

[③] BANDURA A. Self-efficacy: The Exercise of Control[M]. New York: W.H.Freeman and Company, 1997: 53.

6 高中专项化体育课程改革存在的主要问题及问题产生的原因分析

（2）高中专项化学生身体活动促进因素、身体活动意向及身体活动行为关联分析

由表6-7可知，通过对专项化体育课程改革身体活动促进因素、身体活动意向和身体活动行为进行相关分析发现，各变量之间具有显著的相关关系（$0.20<r<0.67$，$p<0.05$）。例如，"倾向因素""促成因素""强化因素"与"锻炼意向"的相关系数依次为0.274、0.196、0.211；"倾向因素""促成因素""强化因素""身体活动意向"与"身体活动频度"的相关系数依次为0.152、0.234、0.305、0.118；"倾向因素""促成因素""强化因素""锻炼意向"与"身体活动时间"的相关系数依次为0.291、0.380、0.290、0.146；"倾向因素""促成因素""强化因素""身体活动意向"与"身体活动强度"的相关系数依次为0.380、0.329、0.129、0.143。另外，我们发现倾向因素与促成因素、强化因素高度相关，倾向因素与促成因素相关系数$r=0.679$，倾向因素与强化因素相关系数$r=0.618$，促成因素与强化因素相关系数$r=0.474$。

表6-7 身体活动促进因素、身体活动意向、身体活动行为相关分析表

身体活动促进因素	倾向因素	促成因素	强化因素	活动意向	身体活动时间	身体活动频度	身体活动强度
倾向因素	1	0.679**	0.618**	0.274**	0.291**	0.152**	0.380**
促成因素		1	0.474**	0.196**	0.380**	0.234**	0.329**
强化因素			1	0.211**	0.290**	0.305**	0.129**
锻炼意向				1	0.146**	0.118**	0.143**
身体活动时间					1	0.127**	0.226**
身体活动频度						1	0.142**
身体活动强度							1

* $p<0.05$。
** $p<0.01$。

（3）身体活动促进因素对身体活动意向及身体活动行为影响路径结构分析

为进一步探究不同性质的身体活动促进因素对学生身体活动意向及身体活动行为的影响，本研究以倾向因素、促成因素和强化因素为自变量，以学生身体活动意向为中介变量，以身体活动行为为因变量进行建模分析，发现模型的拟合指数较为理想：$\chi^2/df=2.853$，$GFI=0.917$，$AGFI=0.962$，$RMSEA=0.051$，$CFI=0.969$。

如图6-3所示：倾向、促成、强化因素分别对学生身体活动意向产生直接影

响，AMOS 标准化后对应的路径系数分别为 0.32、0.09、0.06；身体活动意向未直接影响学生身体活动行为，对应的路径系数为 0.08。换言之，一方面，学生的身体活动意向在身体活动行为的形成中，未产生部分中介效应；另一方面，倾向因素对学生身体活动行为产生直接影响，对应的路径系数为 0.32，而促成、强化因素未对身体活动行为产生应有的效应，对应的路径系数分别为 0.09、0.06。这说明学生身体活动环境条件、个人体能技能及师生支持等促成、强化因素未对学生身体活动行为产生应有的促进作用。

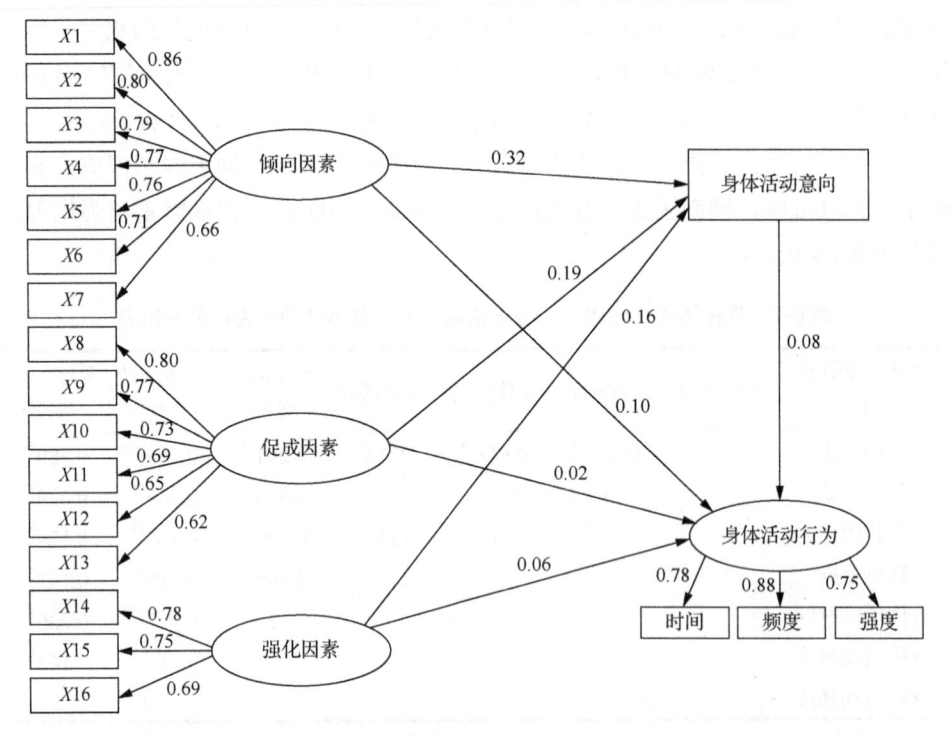

图 6-3　身体活动促进因素、身体活动意向及身体活动行为路径结构图

上海市高中专项化体育课程改革对学生身体活动意向产生显著性影响，这也验证了前面提出的部分假设，即高中专项化体育课程改革实施以来，随着学生运动技能水平的提高和对知识的掌握，学生对体育的认知有所增加，这直接影响着学生的身体活动意向，毕竟学生是生而好动的。根据计划行为理论，行为意向由个人对行为的态度、主观规范和所体验到的主观控制感共同决定，个体首先产生行为意向，然后才能通过意向影响身体活动行为。积极的身体活动意向是学生参与体育锻炼的基础，也是形成有效身体活动行为的开端。

此外，高中专项化体育课程改革对学生身体活动频度和形式产生显著性影响，而对总的中高强度身体活动时间并未产生显著性影响，这可能与学生尚未意识到中高强度身体活动对健康有益有关。*Healthy People 2010*（《健康国民2010》）报告中指出中高强度的身体活动更有益身心健康，并提出了青少年中高强度身体活动的推荐量为 60 min/d[①]。我国也在全国范围内推出了"阳光体育运动"工作方案，提倡在校学生每天锻炼 1 h。测试结果显示，专项化改革后学生平均每天闲暇中高强度身体活动时间仅为 25.2 min，远远低于国际的标准和要求，距离国内提出的 35 min 中高强度推荐量尚有一定距离。综上所述，高中专项化学生身体活动意向较好，锻炼频度也有所提高，但总的中高强度身体活动水平不高。可见，学生身体活动行为改变需要综合性因素的影响，学生即使有认知、有态度，但由于课外活动开展不好，或者没有意识到中高强度身体活动水平的益处等，整体中高强度身体活动水平也较低。

不同性质的身体活动促进因素对学生身体活动行为产生影响效应。其中，倾向因素对学生身体活动行为产生显著性效应，而促成、强化因素未对学生的身体活动行为产生显著性效应。这一局面可能与上海市高中专项化体育课程改革仍然处于改革初始阶段有一定关系。虽然自2013年以来，上海市施行了高中专项化体育课程改革，但仍然存在场地不足、任课教师所教项目不对口等亟须解决的问题。数据分析结果表明，倾向因素对学生身体活动行为具有正向影响关系，说明专项化体育课程改革充分激发了学生的体育兴趣，增强了学生的运动感知能力。随着学生心理需要满足感的提高，学生的身体活动意向明显增强。

促成、强化因素未对学生身体活动行为产生显著性影响。从促成因素的组成结构看，它由6个方面构成，分别为课外活动时间充足度、学生运动技能掌握情况、学生体能、场馆器材充足度、专项化体育课程正常开展情况、课外俱乐部社团开展情况，以上因素对促成因素贡献路径系数均在 0.60 以上。换言之，以上因素得分越高，学生的身体活动行为越好。实地调研结果表明，专项化改革实施学校缺乏综合性体力活动资源的整合和利用，场地器材、课外体育俱乐部、社团及课堂时间保障等几个关键因素，开展情况不佳，影响学生有效身体活动行为的形成。上海市针对专项化学校场地缺乏的状况，虽然采取了"登天入地"等补偿办法，但场馆满足度仍然不高。场地设施缺乏、学业压力等因素的影响，使得学生课外身体活动时间难以得到保障。对身体活动记录表进行分析发现，学生参加体

[①] U S DEPARTMENT OF HEALTH AND HUMAN SERVICES. Healthy People 2010[M]. 2nd ed. Washington, DC: US Government Printing Office, 2000: 12.

育竞赛、社团等课外活动时间明显不足。Bart 等[1]研究认为，参加学校运动队、运动社团越多的学生，其规律运动行为越好。Young 和 Fors[2]研究也指出，参加运动团体是提高个人运动行为的重要因素。因此，专项化学生身体活动行为习惯的养成，需要充分发挥课外社团竞赛的作用，形成课内外一体化的保障。此外，相关研究证明，运动技能与行为意向之间存在显著正相关，掌握技能多者，其规律性锻炼意向更加强烈，拥有的行动计划更为多样，参与的活动更为频繁[3]。专项化体育课程改革以来，虽然学生的运动技能水平明显提高，但是运动技能的学习仅仅是帮助青少年运动意向形成的起点，而非终点，不能认为运动技能学好了之后，体育习惯的养成就是水到渠成的事情。

强化因素与学生的身体活动行为存在显著性正相关，但未产生正向影响，说明强化因素未产生应有的作用。从强化因素的组成结构来看，强化因素由同伴支持和教师支持两个方面构成，二者对强化因素的贡献路径系数分别为 0.69、0.78。周热娜[4]、Kayla 等[5]国内外学者研究证明，同伴和教师支持，尤其是班主任的支持与青少年的锻炼动机和态度存在相关性，影响学生的身体活动行为。教职工积极地参与体育活动，可以给学生树立良好的榜样，为学生参与体育活动提供更多的动力，从而有力促进青少年体育活动的参与。调研分析发现，在高考指挥棒的压力下，教师同伴支持仍然不够，专项化体育课程被挪作他用的现象时有发生。由此提示：①学校虽是促进青少年身体活动的主要场所，但专项化改革学校尚缺乏对现有身体活动资源的有效整合和利用。例如，新西兰学校有效地对校风和组织、课程计划、课余身体活动机会、学校环境、学校和社区合作关系 5 个方面进行了融合。②教师同伴支持不够、课外活动开展不足、学业压力是影响专项化学生身体活动行为的重要因素，建议高中增加体育学业质量考试。

学生身体活动意向与身体活动频度、时间、强度均呈现正相关关系，但是身体活动意向并未显著正向预测身体活动行为。这也有效验证了许多国外学者提出

---

[1] BART D C, TIMO-KOLJA P, FRANK J E, et al. Social capital and adolescent smoking in schools and communities: Across-classified multilevel analysis[J]. Soc sci med, 2014, 119: 81-87.

[2] YOUNG E M, FORS S W. Factors related to the eating habits of students in grades 9-12[J]. J sch health, 2001, 71(10): 483-488.

[3] 曹佃省. 锻炼技能作为青少年行为意向与锻炼行为间的调节变量中介-调节效应分析[J]. 西安体育学院学报, 2013, 30 (2): 217-221.

[4] 周热娜. 上海市青少年和中青年身体活动的影响因素研究[D]. 上海：复旦大学, 2013.

[5] KAYLA DE LA HAYE, GARRY ROBINS, PHILIP MOHR, et al. How physical activity shapes, and is shaped by, adolescent friendships[J]. Social science medicine, 2011, 73(5): 719-728.

的观点，即行为意向最多只能解释 20%～25%的行为变异量，好的意向不能保证引起实际的行为改变，意向与行为间存在裂缝或间隙（Intention-behavior Gap）[1]，许多有明确锻炼意向的人常常不能将其转变为锻炼行动[1][2][3]。毕竟，健康的锻炼活动是一种复杂的行为，意向到行为的转化需要个人体能、技能、环境资源等综合性因素的参与。否则，即使中高强度的身体活动意向，也难以转化为有效的身体活动行为。另外，行为结果解释偏低也许与高中生样本本身有关，大部分学生的时间都忙于功课的学习，能够参与身体活动不是他们自己所能控制的，其升学的压力使得他们的高意向无法转化成高行为。此外，高中专项化体育课程改革以来，虽然学生的运动技能有所提高，但是受体能较低、课外活动不足等促成因素影响，学生难以将这些技能有效地转化为身体活动行为。由此提示：提升高中专项化学生的身体活动行为，既要注重学校体育内涵式发展，又要考虑学业成绩的影响。因此，若想彻底解决青少年健康行为问题，除了要做好体育本身的工作，还需要整个教育系统的改变，将"减负"落到实处，更好地将体育与学业结合起来，不使一方作为另一方发展的"绊脚石"。

综上所述，高中专项化学生良好身体活动行为尚未形成，一方面是因为专项化体育课程改革身体活动促进因素中的促成因素、强化因素未产生应有的效应；另一方面是因为身体活动意向未产生应有的中介效应。专项化实施学校应该积极设置体育课程改革整体方案，增加课外活动时间，积极进行健身知识教育，帮助学生充分认识到中高强度身体活动对学生体质健康效益的重要性，实现从"有运动"到"有强度"的身体活动转变。

6.5 课程改革后专项教师的自身专业成长不足

6.5.1 专项教师自身专业成长不足的问题表现

教师的专业素质、专业知识、对课程改革的认同态度是决定课程改革实施效

---

[1] WEBB T L, SHEERAN P. Does changing behavioral intentions engender behavior change? A meta-analysis of the experimental evidence[J]. Psychological bulletin, 2006, 132(2): 249-268.

[2] SNIEHOTTA F F. Towards a theory of intentional behavior change: Plans, planning and self-regulation[J]. British journal of health psychology, 2009, 14(2): 261-273.

[3] SHEERAN P. Intention-behavior relations: A conceptual and empirical review[J]. European review of social psychology, 2002, 12(1): 1-36.

果的关键要素。因此，对高中专项化体育课程改革存在问题及问题产生的原因的查找，教师因素是必不可少的一个方面。一般而言，采用新的课程，对教师而言，意味着放弃原来熟悉的一套方法和程序，而且有些曾是很成功的做法。根据调查结果，首先，专项教师对课程改革的态度影响了课程改革实施的效果，教师对课程改革消极困惑的认知倾向影响了课程改革实施的进程。其次，通过专项教师课堂教学行为的情况可以看出，目前专项体育教师原有的知识结构难以适应课程改革的需要，在教学内容选择、教学方法应用等方面体现出执教能力的短板。教师的专业成长是一个动态的过程，作为一名新型的专业教师，运动技能是立身之本，此外还得具备较强的教育教学能力、专业的学科知识等。在对教师的问卷调查中，69%的教师认为当前学校的师资力量难以满足专项化教学的开展，所教项目不对口率在50%左右，这部分教师教龄大部分在5年以上。按照教师专业发展的阶段大致划分，需要经过入职阶段—发展阶段—（困惑/倦怠阶段）—趋向成熟阶段—（困惑/倦怠阶段—再发展阶段）—成熟且稳定阶段[1]。从教龄推算，上述不对口教师正处于专业发展阶段或者困惑阶段，那么受到社会广泛关注的专项化体育课程改革，能否带动教师的专业发展呢？通过访谈得出以下结果：

T教师描述道："高中专项化体育课程改革实施以来，专项教学及80 min的课堂，对于已经形成的理念和专业知识形成一定冲击，对专项教师业务能力提出了挑战。我们明显感觉力不从心，需要进行充电。但是，刚入职时工作还满腔热情，随着家庭及生活压力均较大有所懈怠，体育教师工作付出跟回报不成正比，教的"好"与"坏"缺乏明确的评价标准，相对其他学科体育教师评职称也比较难，发展前景不好，导致难免落入俗套。因此在增强专业发展的同时，不如找时间做点兼职赚点外快，教学能够做到按部就班即可。

从T教师的描述中可以看出专项教师的专业发展明显动力不足，部分教师已经提前进入专业发展的休眠期。高中专项化体育课程改革作为一个关键事件，尚未带动部分教师的专业发展。惰性的驱使，外加自身素质的欠缺，导致专项教师行动研究意识不足，对课程实施方法、教学策略缺乏深入的理解。专项化体育课程教学中，一直被人们所诟病的说教课、单一技术课、测试课、安全课仍然屡见不鲜。

---

[1] 周凰. 学校课程领导视域下中学体育教师专业发展叙事研究[D]. 北京：北京体育大学，2019.

6.5.2 专项教师自身专业成长不足的原因分析

教师对专项化体育课程执行力不足，自身专业素质欠缺，将会导致教师在课程改革中自身能动性欠缺。久而久之，教师对课程改革的热情逐渐降温，不能积极参与课程建设。总之，专项体育教师专业素质的不断提升，是专项化体育课程实践发展的重要推动力。

第一，出现此种现象，体育教师自身的因素是非常重要的一个方面。事实上，每次新的体育课程改革的实施，总会面临体育教师素质发展相对滞后这一矛盾[①]。如果专项体育教师教育信念薄弱，对课程改革态度淡漠，自我职业发展动力不足，不积极进取地提升自身专业素质，将会导致现有的知识结构难以适应课程改革要求，阻滞课程改革的进程。

第二，在专项化体育课程改革过程中，专项教师"课程权"主体地位缺失，也会影响教师的专业发展。课程改革顺利实施需要管理者、专家、教师、学生等主体的广泛参与。具体来说，专项体育教师作为课程改革的实施者，不仅是执行者，还应参与课程的决策，在学校课程的设置与安排、课时比例及分配等方面应拥有绝对话语权。然而，在课程改革中决策权的缺位，影响了教师参与课程改革的积极性，使得再好的课程计划也会付诸东流。因此，在课程改革的过程中，相关部门应及时聆听一线教师的意见，帮助其消除课程实施中的困惑，避免课程改革过程中抗阻现象的发生。

第三，教师专业发展未受到重视，职后教育缺失也是重要的影响因素。有教师反映，专项化体育课程改革实施以来，教师培训次数明显不足。调查结果显示，80%以上的专项教师参加过职后培训，但培训的次数较少，大部分教师在1～2次，并且认为效果一般。在有限的培训时间内，培训内容主要以术科技能培训为主，对教师教育教学能力培训欠缺。例如，对于如何有效应用教学方法、如何将德育落实到专项化体育课程教学中，这些鲜有涉及。此外，校长对课程改革支持力度不足、课程文本不完善、场地器材缺乏等也是影响专项教师课程改革积极性、自我提升的重要因素。

6.6 专项化体育课程改革方案的自身设计有待继续完善

从课程改革的流程和顺序而言，任何一项课程改革均需要经过课程设计、课

---

① 王健，胡庆山. 体育教师参与体育课程实施的影响因索及对策[J]. 上海体育学院学报，2007（6）：68-73.

程实施、课程评价3个环节。对高中专项化体育课程改革存在的问题及问题产生原因的查找，最终还需要回归到课程改革的设计与实施过程中。因此，在思考以上问题及问题产生原因的同时，回归起点，反思专项化体育课程改革方案的自身设计是否完善，显得尤为必要。毕竟，高中专项化体育课程改革的主体是体育课程，其病症需要通过专项化体育课程表现出来。课程从学理层面而言，主要包括课程理念、课程内容、课程结构、课程实施、课程评价等。

2015年10月18日，上海市教委印发《上海市高中专项化体育课程改革指导意见（试行）》，之后各区纷纷印发了"高中专项化体育课程改革试点实施方案通知"，对高中专项化体育课程改革的指导思想、主要目标任务、组织实施、课程改革的管理和保障情况进行了介绍。然而，一项完整的课程实施方案包括课程设计、课程目标的确定、课程内容的选取、课程评价等诸多方面。课程改革科研团队对试点学校的1981名学生、137名教师进行问卷调查发现，近90%的专项教师表示支持此次改革工作，80%的学生喜爱或比较喜欢专项化体育课程，但是对专项化体育课程的性质与理念并不是十分了解。所谓性质，就是专项化体育课程区别于其他体育课程的特质。专项化体育课程以运动技能教学为主体，以专项技战术、专项理论、专项发展的历史与文化、专项竞赛组织，以及竞赛规则裁判法等为主要教学内容，以学生体育素养养成为主要目标。与其他体育课程相比，专项化体育课程的特性主要体现于以下两个方面。其一，以运动技能教学为主体。作为以运动技能教学为主体的课程类型，其解决的主要问题是学生运动技能欠缺，它所施行的3年学习一个运动项目、小班化教学、分层教学等措施，重在提高学生的运动技能学习质量。其二，最终目的是帮助学生形成终身体育意识，促进学生终身体育发展。其通过特长技能的形成，培养学生体育兴趣，达到体能与技能相互促进，帮助学生养成终身体育的习惯。

课程理念是一项课程所具有的思想、观念、看法。一项课程改革往往会产生新的理念，如果人们对课程改革的理念难以接受，将会影响课程改革的效果。上海市高中专项化体育课程改革的教学理念主要体现于以下3个方面。一是以"健康第一，立德树人"为指导思想，突出健身和健心双重属性。二是注重学生体育素养的养成。体育素养是《普通高中体育与健康课程标准（2017年版）》中提出的明确目标。上海市高中专项化体育课程改革以学科素养目标为引领，课程内容设置外化于形，内化于心，充分注重学生在运动能力、健康行为、体育品德3个方面的培养。三是注重学生认知学习能力的培养。高中专项化体育课程教学中，注重学生学法，明确将技术传授的方法纳入专项化体育课程教学中，帮助学生在运动技能学练过程中学会学习。以上课程理念，充分尊重了学生的主体地位，体现了以学生发展为中心的理念，促进了学生身心健康全面发展。

在课程理念得到逐步认同的情况下，对专项化体育课程改革的课程目标、内容等进行合理设计，方能增强课程实用性和可操作性。多伊尔（Doyle）和庞德（Ponder）诊断教师的实用伦理时指出，有关改革的原则和理想的结果，必须将有操作性的、程序性的知识加以落实，否则就不可能真正影响教师的教学[1]。目前，高中专项化体育课程改革方案存在的问题主要体现于以下几个方面。

（1）目标定位泛化，缺乏层次性

课程目标的清晰度是影响课程实施的重要因素。2015年《上海市高中专项化体育课程改革指导意见（试行）》中提出："通过三个学年的体育专项学习，学生对体育运动的兴趣明显提高，能比较熟练地掌握两项以上的运动技能，体育运动素养得到明显提升，形成体育锻炼习惯和健康生活方式，为终身体育奠定良好的基础。"由此可见，以上仅是对高中专项化体育课程改革目的、任务的介绍，而不是具体目标的设定，更缺乏本质目标的设定。田来等[2]指出，上海市的"三化改革"使得教学目标多元化，尚需与核心素养对接。课程目标规定了某一教育阶段的学生通过课程学习以后，在发展品德、智力、体质等方面期望实现的程度，它是确定课程内容、教学目标和教学方法的基础[3]。高中专项化体育课程改革目标设定，既要以体育学科素养的目标为引领，又要体现专项化体育课程的目标特色。高中专项化体育课程改革目标体系的设定，应该体现于以下几个方面（表6-8）。

表6-8 高中专项化体育课程改革目标体系的设定

目标维度	目标内容
运动能力	通过本课程学习，学生能够形成一项运动特长，显著提高体能和运动技能水平，掌握和运用所学运动项目的裁判知识和规则，独立制订体能锻炼计划
健康行为	通过本课程学习，能够激发学生体育学习兴趣，使学生能够积极主动地参与校内外体育锻炼，掌握科学的锻炼方法，养成良好的锻炼习惯，学会健康管理
体育品德	通过本课程学习，学生能够自尊自强，勇于克服困难，积极进取；正确对待比赛胜负，胜不骄、败不馁；遵守规则，具有公平竞争意识；胜任不同角色，做出负责任的行为

---

[1] DOYLE W, PONDER G A. The practicality ethic in teacher decision-making[J]. Interchange, 1977, 8(3): 1-12.
[2] 田来，董翠香，王立新，等. 上海市高中体育专项化课程改革成效、问题及推进策略[J]. 体育教学, 2019, 39(10): 53-55.
[3] 廖哲勋. 课程学[M]. 武汉：华中师范大学出版社, 1991: 84.

(2) 专项化体育课程内容制定缺乏层次性

有效的课程内容是课程改革目标得以实现的保障。《上海市高中体育专项化课程改革指导意见（试行）》中，将课程内容分为技战术教学和理论两个层面，内容主要包括专项技战术、专项理论、专项发展的历史与文化、专项竞赛组织，以及竞赛规则及裁判法等，旨在通过 3 年的专项化体育课程学习，帮助学生掌握一项运动特长。目前，在课程内容的纵向组织方面，缺乏合理排序，尚未建立适合高中学生群体的教学内容体系。例如，针对不同专项，在不同年级之间应该教授什么样的内容，如何有层次地开展教学，缺乏有序的排列。

(3) 课程实施方案中教学建议指导性不足

对专项教师而言，起重要作用的是体育课程政策文本——《上海市高中体育专项化课程改革指导意见（试行）》。然而，通过访谈得知，许多专项教师认为《上海市高中体育专项化课程改革指导意见（试行）》与实践衔接性不足，部分项目难度较大，尤其是专项体育课程教学评价操作性欠缺，导致专项化体育教学无法有效地开展。此外，在专项化体育教学实施过程中，对于教学内容选择、先后顺序安排及学习要求等仅凭任课教师的经验，缺乏标准化的指导。例如，对于如何提高 80 min 的专项化体育课程教学质量的问题、对于分层教学如何实施的问题缺乏系统性指导意见，以上问题暴露出专项化体育课程改革方案设计的不足。

(4) 专项化体育课程评价的操作性不足，对教师指导不够深入

迄今为止，高中专项化体育课程改革评价文本尚未正式形成。专项化体育课程评价体系可以理解为，在"健康第一，立德树人"的指导思想下，通过合理利用评价方法，由课程评价主体对课程内容、课程过程、课程效果、课程环境进行评价的过程。课程评价主体包括课程设计者、专家、教师、管理人员、学生、家长等。就专项化体育课程评价类型与方法而言，评价类型主要有诊断性评价、形成性评价、总结性评价。评价方法主要通过定性与定量相结合的方式。例如，体能主要通过体质测试数据获得，运动技能主要通过《青少年运动技能等级标准》中的量化评价方式呈现；体育品德等主观性指标主要通过定性评价的方式。两种评价方式相互补充，取长补短。目前，个别指标的评价缺乏简单易行的评价工具，《青少年运动技能等级标准》虽然已经得到社会认可，但是仍在不断优化完善中，尚未完全投入专项化体育课程教学中。

课程评价对象与指标主要包括体育课程的教材（内容）评价、体育课程的过程评价（包括整体的体育教学评价和体育教师的施教评价）、体育课程的效果评价

（即学生学业评价）和体育课程的环境（条件）评价[①]。其中，专项化体育课程教材内容的评价主要是针对专项化体育教学大纲、专项化体育教材的评价，包括专项化体育教材内容准确性、呈现方式合理性、编写格式规范性、具体使用的可操作性等。专项化体育课程的过程评价主要包括整体性的体育教学评价和体育教师的施教评价，主要包括教学目标设计、教学内容选择、教学方法使用、教学组织形式、教学效果等。专项化体育课程的效果评价主要是学生体育学习评价，包括体能、技能、体育品德、体育兴趣、身体活动水平达成效果等。专项化体育课程的环境评价包括专项化体育课程物质环境，如场地、器材设施、班级规模；专项化体育课程制度环境，如专项化体育课程教学大纲、专项体育教师发展规划、学校的专项化体育课程计划等；专项化体育课程心理环境，如校园体育文化、班级氛围、人际关系等。据了解，高中专项化体育课程改革实施以来，许多专项教师不知课程评价如何实施，甚至认为体育课程评价等同于体育教学评价。以上现象均阻滞了专项化体育课程改革的进程。

  出现这种问题的原因，笔者认为可以从两个方面进行分析。其一，制定课程决策时，课程设计路线导致核心利益者的缺位。体育教师不仅是课程的实施者，还是课程的研究者、开发者与评价者。我国多年来采用的是"自上而下"的体育课程设计模式，高中专项化体育课程改革也不例外。自上而下的体育课程设计模式，缺乏一线体育教师群体的参与，使得教师在改革决策中缺乏话语权。高中专项化体育课程改革方案的设计，充分响应了国家教育改革的要求，但调研过程中发现与一线教师对接不足，缺乏一线教师的广泛参与，导致部分专项教师对于课程改革持冷漠态度。其二，课程实施环境亟须强化。课程实施环境包括人文环境、管理环境、硬件环境3个方面。人文环境是先导，在应试教育影响下，校园体育文化氛围尚未形成，专项化体育课程改革的价值尚未得到普遍认同。此外，在三级课程管理体制下，国家、地方、学校三者尚未形成有效协同，三级课程管理主体的权责分配尚未界定清楚，一些专项化实施学校尚未形成有效的改革方案，未承担起应有的责任。

---

① 王淑英. 学校体育课程体系研究[D]. 石家庄：河北师范大学，2012.

7

高中专项化体育课程改革实施的改进建议

美国教育评估专家斯塔弗尔比姆（Stufflebeam）曾经指出，评估检测的最终目的不在于证明，而在于改进[①]。课程改革的效果测评，对专项化体育课程改革现实问题有了较为翔实的解答；揭示了课程改革过程中存在的主要问题，并进行了相应的原因分析，使人们对影响课程改革的因素有了较为深入的了解。在厘清"改的效果如何""什么因素影响改革效果"之后，那么"怎么改"的问题就显得尤为重要，毕竟课程改革是一个不断深化、动态发展的过程。下面笔者将根据专项化体育课程改革中暴露出的主要问题及问题产生的原因，提出改进建议。

7.1 形成共识：专项化体育课程是以运动项目为载体的课程

通过梳理历史可知，专项化体育课程的发展形态不断产生变化，新时期的上海市高中专项化体育课程改革被赋予了新的价值内涵。早期的专项化体育课程混淆了体育教学和竞技体育人才培养的目标，教学方法过于注重采用运动训练的方式手段，重在培养精英体育人才，导致竞技化味道浓厚。自从上海市高中专项化体育课程改革实施以来，仍然存在专项化体育课程教学目的、任务、内容模糊不清的现象。有专项教师认为，上海市高中专项化体育课程改革为"专项化"的体育课程，运动项目应该设置越多越好；有专项教师认为，高中专项化体育课程类似"运动训练课"，教学方法可借鉴运动训练专业学生的教学方法，教学过程从

---

① 高书国. 教育指标体系——大数据时代的战略工具[M]. 北京：北京师范大学出版社，2015：44.

严、从大强度出发，注重对学生身体生理强度刺激，缺乏对学生心理感受的关注。以上观点均不利于高中专项化体育课程改革的顺利开展，违背了高中专项化体育课程改革的初衷。

"专项"在《现代汉语大词典》（上册）中被解释为特定的某个项目[1]。围绕以上问题，我们需要达成以下共识：上海市高中专项化体育课程改革以运动技能教学为主线，围绕某一项目进行长期的专项化学习与训练，从而为终身体育发展奠定基础[2][3]。其区别于活动课和运动训练课，虽以运动技能教学为主体，但是重在育人。我们需要充分认识到专项化体育课程教学的教育功能，实现由传统的知识技能传授向全面育人功能的转变。赫尔巴特[4]在《普通教育学》一书中特别强调了"教学的教育性"，即教学不仅仅是教知识，更重要的是培养品德。"体育品德培养"是高中专项化体育课程改革的重要目标。最终，形成以运动技术教学为主体，做到与学生身体素质、学生德育培养有机结合，帮助学生掌握1~2项运动技能，促进学生健康行为的养成。

7.2 拓展资源：从社会中弥补专项化体育课程资源的不足

"工欲善其事，必先利其器"。高中专项化体育课程改革的顺利实施是事实，师资、场地设施不足将会影响课程改革的效果。针对以上问题，多所学校纷纷进行了校内教学场地的改造。例如，上海市延安中学将原来的锅炉房改建成健身专用教室，将学校劳技楼的中央圆形广场作为临时羽毛球场地，将学校行政楼底层交流大厅作为临时的乒乓球房；复旦大学附属中学在足球场两边开辟了网球场；上海市位育中学、上海市金汇高级中学在足球场两边开辟了排球场。此外，有些学校充分利用校外社会资源，弥补校内资源的不足。多所学校就近借助社区、体校、大学体育场地，从社会中拓展学校体育资源。例如，上海理工大学附属中学的网球教学，充分借助附近体校场地，实现了学校体育与社会体育有机结合。针对师资不足问题，部分学校通过外聘教练员、大学教师及具

---

[1] 阮智富，郭忠新. 现代汉语大词典 上[M]. 上海：上海辞书出版社，2009：66.
[2] 孙耀鹏. 体育兴趣的培养与体育课教学改革——为"专项课"立论[J]. 北京体育大学学报，1994（2）：69-75.
[3] 彭小伟，毛振明. "专项体育课"的发展过程与学理依据[J]. 体育学刊，2016，23（4）：1-5.
[4] 赫尔巴特. 普通教育学·教育学讲授纲要[M]. 李其龙，译. 北京：人民教育出版社，1989：221.

备特长的社会专业人士到学校上课的方式，弥补此项短板。这样，既解决了师资紧缺问题，又促进了项目专业化发展，为专项化体育课程改革的顺利开展奠定了坚实的条件基础。经现场调研，城桥中学和光明中学的经验提供了良好的借鉴。

光明中学的场地改造

光明中学由于地处市中心，无论是学生人均活动面积，还是场地设施都比较欠缺，这也是整个黄浦区共同存在的问题。截至2019年，学校有室外篮球场4片，健身房1间，多功能厅1间，乒乓球室1间。为了弥补学校场地较少的缺陷，学校对现有场地进行了改建和扩建，重新规划学校教学用房，在小场地上做大文章，新增加了2间形体健美房和1间健身教室，在篮球场周围修建塑胶跑道，与田径场混用。

体育场的重新分配，满足了篮球、乒乓球和形体健美、跆拳道等项目分层进行专项教学的需求。同时，以光明中学的篮球课程为代表，黄浦区形成了篮球校本课程特色。光明中学充分利用现有场地的经验，一方面解决了场地不足问题，另一方面开发校本课程，可以为其他学校提供良好的借鉴。

城桥中学的师资队伍建设

城桥中学在专项化课程改革推进过程中，注重结合学校的实际情况，进行有效的师资队伍建设。主要采用以下3种方式：一是由经验丰富的成熟教师任职专项课（如篮球、足球、羽毛球、健美操）；二是聘请学校附近的俱乐部或体校专业教练员合作任职专项课（如乒乓球）；三是学校的专业教练员独立任职专项课（如武术）。此外，学校还从社会中聘任兼职教师与学校体育教师合作任职专项课（如跆拳道）。本校的体育教师负责课程方案设计、教学计划制订和日常教学管理，社会力量的教练员主要负责技术指导。通过上述几种教学方式的结合，充分利用学校教师资源，最大程度挖掘教师潜力，弥补学校师资的不足。

同时，学校还注重提高体育教师和专业教练员队伍的专业素养。根据专项化课程改革的推进要求，专项教师通过"网络自学"和"教研活动"等方式，积极主动自学，现已形成了良好的氛围；学校还定期组织集体教研，前往其他试点学校参观考察，定期参加上海市教委组织的培训活动，以此带动专项教师专项技术能力和教学能力的提高。

7.3 课程开发：因校而宜地开发校本体育课程教材

课程内容作为体育课程的核心要素，是达到课程改革效果的载体，而学校课程的开发是体育课程改革实施的本体策略。目前，上海市高中专项化实施学校共开展的项目达到20余项。面对如此多的项目，上海市教委印发的《上海市高中体育专项化课程改革指导意见（试行）》中提出了以学生兴趣优先的原则，据此项目开设方案提出了明确的要求。由此可见，课程开设理念是没有问题的。但是，在师资有限的条件下，结合学生的兴趣需求，因校而宜地开发出适合本校特色的校本教材，仍是一项需要慎重考虑的工作。开展项目过少，则会导致学生难以选上自己喜欢的运动项目，如上海理工大学附属杨浦少云中学仅开设3个项目；开展项目过多，则会导致师资不对口现象严重。目前，许多学校在校本特色课程开设方面进行了有效的尝试。例如，上海市晋元高级中学在体育专项化教学内容选择上，初步设定游泳及男生武术（徒手拳操）、女生健身操（扇子舞）为必修项目，以"男拳女操"大型团体操为标志特色。在每年上海市晋元高级中学体育节开幕式上，高一、高二学生的团体操，各年级入场式方队，受到参会的市区领导及兄弟学校领导的赞扬和称颂。上海市行知实验中学则把舞龙狮项目和专项化体育课程紧密结合，把舞龙狮项目融入武术专项教学中，积极运用现代教育教学的方法、途径探索传统体育项目，有效地激发了学生对武术的学习兴趣。《解放日报》于2018年5月10日对其进行了《掀最炫民族风，舞龙狮进课堂》的专题报道。经现场调研，上海市曹杨第二中学（以下简称曹杨二中）的项目设置以学生兴趣为主，充分考虑学校特色和师资条件，其经验可以为其他学校提供良好的借鉴。

曹杨二中的设项

曹杨二中在项目的设置上，首先考虑学生的兴趣与意愿。2018年上学期，针对体育专项课的教学对象对高一学生进行简单的问卷调查，调查结果显示：男生选择篮球150人、羽毛球126人、乒乓球109人、足球85人；女生选择羽毛球159人、乒乓球121人、篮球76人、排球66人。

其次，根据学校特色传统设置项目。"以女足为龙头，多项运动全面发展"是学校的体育工作理念。学校开展女足项目已有20年，是国家级体育传统学校和足球特色学校。20年来，女足成绩在全市首屈一指，几乎囊获了各类市级女足比赛的冠军,并代表本市参加多届全国中运会女足比赛,成绩斐然。在项目设置上,考虑学校办学特色与体育传统,设置了女足这个项目。

最后,根据学校场地和师资条件设置项目。目前,学校根据场地条件,设置了篮球、排球、足球、羽毛球、乒乓球、健美操6个项目。学校现有体育教师10名,可以同时设置10个专项班。足球、羽毛球、乒乓球3个项目分别设置了男、女生班,篮球项目设置了男生的A、B班,排球和健美操项目设置了女生班。

7.4 强化师资：不断提高教师专项技能教学能力

"欲教授之成功,非赖场地、设备之良好,而赖教师自身之人格品行、知识、经验及技术等"[1]。2019年,能达到专项化体育课程教学条件的学校,在全国范围内可能只有1%～5%[2]。在场地设备等硬件设施一时难以解决的情况下,专项体育教师的专业素养显得尤为重要。专项化体育课程的施行,要求体育教师从"万金油"走向"专一"发展,这对专项教师的技战术教学能力提出挑战。运动技能是专项教师立身之本,不得有失,但短时间的进修培训,运动技能学习效果是有限的,其重点应该放在运动技能教法指导,加强对该项目的教法学习。对于运动技能的教学,应体现出分类指导的理念。美国运动心理学家波尔顿（Paulton）于1957年,根据运动项目的技能特点,将运动技能分为开放式运动技能和封闭式运动技能。开放式运动技能是指在变化和不可预见的环境中执行的运动动作,如球类项目、拳击等格斗项目中的动作；封闭式运动技能是指在稳定和可以预见的环境中执行的动作,如田径、健美操、太极拳、篮球罚球等[3][4]中的动作。现在的运动技能教学,普遍受早期开设的田径、体操等封闭式运动技能影响,以单个技术练习为主,较少考虑外界情境变化,缺乏运动技术的整体性、实用性,以及学生认知学习能力的培养。针对以上问题,在开放性运动技能学习过程中,应注重项目运动的完整体验和学练,强调由易到难、由简单到复杂的完整运动练习,做到活学活用。

---

[1] O'BRIEN W, BELTON S,ISSARTEL J. The relationship between adolescents' physical activity,fundamental movement skills and weight status[J]. J sports sci, 2016, 34(12): 1159-1167.
[2] 彭小伟,毛振明."专项体育课"的发展过程与学理依据[J]. 体育学刊,2016, 23（4）: 1-5.
[3] 季浏. 我国《普通高中体育与健康课程标准（2017年版）》解读[J]. 体育科学,2018, 38（2）: 3-20.
[4] 石岩,王冰. 开放式运动技能学习之道——王晋教授访谈录[J]. 体育学刊,2014, 21（3）: 1-7.

7 高中专项化体育课程改革实施的改进建议

上海市杨浦高级中学的王黎敏教师在"篮球传接球"教学中，依据开放式运动技能教学原理，充分注重了技术实用性、整体性、群体型，注重从碎片化教学向整体教学的转变，在教学方案上做了两个方面的改动。一是采用以群体型练习为主、个人型练习为辅的教学手段。二是尽可能根据比赛情境，采用竞争、合作、对抗性练习，注重技战术的串联；分组教学方面，尽可能建立有教学意义的分组，发挥体育骨干的带头作用，带动学生上课的积极性（图7-1）。

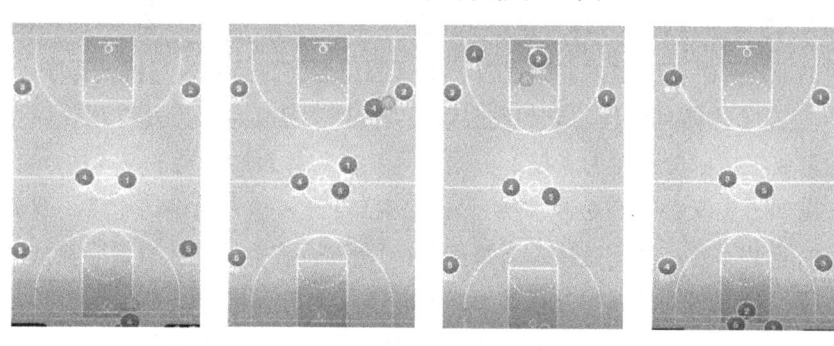

图7-1 移动中的群体型传接球练习

"篮球传接球"练习的改进方案

"篮球传接球"练习的传统学练方法：两人或者三人一组的传接球练习。

教学目标："多数学生能够按照动作要领，完成传接球练习……"。

1）原地两人一组传接球练习。

2）原地三人一组传接球练习。

改进后的练习方法：移动中的群体型传接球练习。

技能教学目标："移动中，多数学生能够完成传接球练习……"。

1）传球队员传完球之后，按照既定路线跑动准备接球。

2）无球队员迅速跑动+移动中换位传接球练习。

3）比赛。

通过以上教学方案的改进，教师在教学过程中突出了实战情境，注重了跑动中的群体型练习。改进后，一方面，学生参与积极性明显提高，生生之间互动频数有所增加，增加了学生运动中的位移，提高了学生课堂身体活动水平，达到了出汗的效果；另一方面，有效实现了学生从"学"到"会"的转变，提高了学生的运动技术应用能力，学生的运动技能明显提高。

7.5 注重竞赛：建立面向全体学生的联赛体系

从早期的单项竞技（sports）体育课，到后期提倡的训练手段教学化，专项化体育课的"竞技性"定位问题一直被学界所关注。追根溯源，民国时期"兵式体操存废之争"，20世纪30年代"土洋体育之争"，20世纪80年代"体育与竞技概念之争"，均为中国近现代体育发展史上的"体育"与"竞技"关系讨论，提供了鲜明的例证，使得专项化体育课程教学不可避免地受到竞技性思维的影响。毕竟，"运动"是专项化体育课程的最初发展形态，传授竞技运动技术是专项化体育课程教学的重要组成部分。何为竞技？根据国际竞技与体育联合会的《竞技宣言》，对竞技做出如下定义：具有游戏性质，凡是包括自己和他人的运动竞争，或克服自然障碍的运动比赛，都是竞技。正如王占春[①]所言，我们"把体育教学搞成'竞技化'不行；但把运动项目排除在体育教材、教学之外，同样是不正确的"。因此，要合理发挥"竞技"对学校体育的促进作用，既不能在专项化体育课程中取消竞技运动项目，又不能将竞技训练作为体育教育手段。

体育竞赛是学校体育文化的重要组成部分，不仅可以培养学生优良品质，而且可以促进学生的专长发展。通过课堂观察发现，专项化体育课程教学中普遍存在这样的现象：学生在学练基本运动技能时无精打采，而听说要打比赛时则兴高采烈。体育竞赛的良好开展，能够为高中专项化体育课程改革的实施注入新的活力。上海市高中专项化体育课程改革的最终目的，是帮助学生形成终身体育意识与习惯，而体育竞赛是有效的推动杠杆。

目前，上海市高中专项化学生进行自主比赛的机会仍然缺乏，尚未形成健全的竞赛体系。这样就导致许多学生在高中3年间参与比赛的机会匮乏，久而久之，对体育项目逐渐失去学习兴趣。面对以上问题，一方面，教师应转变认知，让每位学生认识到体育竞赛的核心价值，参与到体育竞赛中。目前，不少学校的全员运动会模式已经推广，如上海市川沙中学的全员运动会、上海市位育中学针对每个项目建立的校内联赛体系、复旦大学附属中学的高三结业汇报表演等，充分带动了学校的体育锻炼氛围，调动了师生运动参与积极性。另一方面，专项教师在教学过程中，应注重对抗性比赛练习的开展，积极采用竞赛式练习手段，注重竞争、合作、对抗性练习，培养学生的竞争意识、规则意识。西登托普（Siedentop）

---

① 王占春. 从现行体育教学大纲看我国学校体育课程建设[J]. 体育学刊，2001，8（6）：1-3, 11.

先生的"运动教育模式"可提供良好的借鉴,其以运动季为教学单元,让每位学生通过裁判员、运动员等不同角色,参与到体育竞赛中,充分展现了体育竞赛的价值和意义。最终,形成以班级比赛为主体,以"班级—学校—区间"相互贯穿衔接的联赛体系,让每位学生有上场竞赛的机会,感受竞技运动带来的魅力。

7.6 因材施教:克服学生个体差异,有效进行分层教学

分层教学以学生发展存在的差异性为前提,是指在教学过程中针对不同层次的学生,设计不同层次的教学目标,运用不同教学手段,开展教学工作的教学模式与方法[①]。其响应"最近发展区"教学理念,体现了"以学生发展为中心"的指导思想。上海市高中专项化体育课程改革方案中考虑到不同学生在同一项目上的体能素质、技能水平等方面的差异,要求对同一专项学生按专项技能水平编班,实施分层教学,提出"预设项目、学生选择、统筹安排"的办法。对于学生人数多、教师力量足的学校,采取按照项目分班分层,甚至是跨年级分层的方式;对于学生人数少、师资力量不足的项目实行班内分层。根据调查可知,目前分层教学实施得并不好,奉贤中学的分层教学取得了一定成效,其经验可供借鉴。

奉贤中学的分层教学

为了切实提高教学质量,保障每位学生在专项化教学中受益,奉贤中学采取的分层教学模式值得借鉴。学校的分层教学主要分为两种形式。一种是班外分层,同一选项内容,根据学生的运动能力水平分为普通班和提高班,学校男子足球、女子健美操采取了这种模式。另一种是班内分层,在专项化教学时,根据学生运动技能掌握程度进行分组教学,制定不同的教学目标,进行分类评价。例如,学校的乒乓球、羽毛球、排球等其他 5 个项目采用这种分层教学模式。具体经验如下:

首先,奉贤中学会全面了解学生的运动技能掌握情况,在学期结束时测定学生的专项技能水平。测试内容确保能够较好地反映学生的技能水平及项目特征。例如,篮球采用行进间运球上篮的方式测评,排球通过隔网传垫球方式测评,乒乓球通过推挡和球性摸底的方式测评,以此较为准确地反映学生运动技能掌握程度。

---

① 肖连奇. 分层教学的实施策略[J]. 上海教育科研,2010(1):76-77.

其次，在分层教学过程中，制定不同的教学目标。普通班的教学目标设定应符合上海市高中专项化教学大纲的进度，提高班的教学目标设定应充分满足运动能力较强学生的竞技需求；针对班内分层，学校把学生分成A、B、C 3个等级，制定了不同等级的教学目标。同时，不断根据学生运动技能掌握程度进行动态调整，从而调动学生好奇心，提高学生运动参与度。奉贤中学采用的"动态升降制度"，取得了良好的教学效果，提高了学生的运动热情。

最后，在教学评价方面，根据学生的个体差异，进行不同等级的评价。同时，把学生的学习进步情况纳入评价标准。运动基础较好的A组学生标准较高，B组学生适中，C组学生可适当降低评价标准。需要说明的是，普通班和提高班的考核内容是相同的，只是评价标准不同。以上评价方式充分体现了《义务教育体育与健康课程评价标准（2022年版）》中所提出的过程性评价、终结性评价相结合的理念，尊重了学生的个体差异，调动了每位学生的运动参与积极性，促进了学生的身心健康全面发展。

7.7 完善评定：推进《青少年运动技能等级标准》的研制与实施

体育课程教学评价是检验教学质量和教学效果的重要手段，是保证课程改革顺利进行的重要环节。体育课程教学评价标准的有效制定，对于提高专项化体育课程教学的质量，推进专项化体育课程改革的实施具有重要的强化功能。高中专项化体育课程改革的最终目的是帮助学生形成良好的体育素养和习惯。通过对专项化试点学校的调查发现，目前尚缺乏成熟的体育素养评价体系，而此评价体系中，运动技能的评价是亟须解决的问题。目前，试点学校主要采用技能加体能考核、多维计分考核、学分制考核及综合考核4种方法。对于如何评价学生经过3年的专项化体育课程学习，运动技能达成情况，如何判断学生是否达到了掌握1~2项运动技能的基本要求，尚缺乏统一的办法。专项化体育课程教学的主体是运动技能，若学生运动技能达成情况无法准确评价，此项改革的成效将无法科学验证。《青少年运动技能等级标准》的研制和推广，能够有效解决此问题产生的乏力现象，是落实国家对青少年掌握1~2项运动技能政策要求的积极回应。此标准契合了青少年体育发展时代需要的针对性，反映了运动项目技能进阶规律的适切性、兼顾多元主体需求的贯通性和便于实践操作的应用性等特征。但是在项目间的对等性、测试的客观性等方面还需要进一步完善[①]。这就要求《青少年运动技能标准》在实践运用中及时发现问题，进行经验总结，不断走向成熟和完善。

7.8 加强监控：通过动态数据监测课程改革的成效

大数据时代，专项化体育课程改革的成效需要通过数据来记录，从而摆脱经验层面的探讨，发现改革中存在的问题并不断进行完善。高中专项化体育课程改革充分响应了国家运动技能教学需求，但其成效并非短时间内就能显现出来。正像叶圣陶先生所言：教育是农业，而不像工业，是慢的艺术。虽然对上海市高中专项化体育课程改革的效果进行测评，但是测试时间主要限于2017—2019学年，高中专项化体育课程改革效果的持续性如何，需要进行长期跟踪。后期，可以通过定期发布高中专项化体育课程改革研究报告的形式，对专项化体育课程改革的成效进行追踪，了解课程改革的动态、进展及问题，使课程改革的路径更加清晰、明确。

评估其实就是对课程改革的效果进行不断分析优化的过程。对专项化体育课程改革动态数据的监测、收集，最终目的是回归课程改进。通过动态数据测量，对课程改革情况进行诊断，了解课程实施现状，分析课程改革内容与课程目标及评价达成的一致性，从而有的放矢地进行课程改革方案的优化。

---

① 唐炎.《青少年运动技能等级标准》的研制背景、体系架构与现实意义[J]. 上海体育学院学报，2018，42（3）：1-6.

8

结论与建议

第一，专项化体育课程与教学发展形态呈现出明显的时代背景。沿着"单项运动→个性化选修→学科素养"的演进链条展开。

第二，上海市实施高中专项化体育课程改革后，学生运动技能普遍提高，专项化学生在速度素质、男生引体向上、女生 1 min 仰卧起坐、耐力素质、女生肺活量、总分方面高于非专项化学生，但成绩不是很理想。

第三，上海市高中专项化体育课程教学静态练习时间较多，中高强度身体活动时间不足；专项化学生平均每天中高强度身体活动时间，与非专项化学生相比有所增加，但未呈现显著性差异；高中专项化体育课程体育品德培养效果欠佳；高中专项化体育课程改革的实施充分激发了学生的体育学习兴趣，女生尤为明显；专项化体育课程改革倒逼教师的教学行为改变，运动技能普遍提高，但是专项教师在课前设计行为、课中实施行为、课后评价与反思行为方面存在诸多不足。

第四，高中专项化体育课程改革对部分项目学生运动技能达成效果欠佳，主要受专项教师运动技能教学能力欠缺、未根据某项目特征建立运动技能一体化的教学内容体系，教学过程中未充分考虑运动项目群的特征、学生前期运动基础差异的影响。高中专项化体育课程改革对学生课堂身体活动水平达成效果欠佳，主要受学生对专项化体育课程喜爱程度、有无专项体能练习、教学内容选择与优化、教学内容组织练习形式、下节课有无文化课、课堂教学氛围的影响。

第五，高中专项化体育课程体育品德培养价值有待展现，主要受缺乏学校和社会德育环境支撑、专项教师的德育认知不足、学生对专项化体育课程的情感体验不足、缺乏专项化体育课程体育品德培养理论体系构建的影响。高中专项化改革后学生有效身体活动行为尚未形成，一方面是因为专项化体育课程身体活动促进因素中的促成、强化因素未产生应有的效应；另一方面是因为身体活动意向未产生应有的中介效应。

第六，针对课程改革存在的主要问题及问题产生的原因，提出以下改进建议：①形成统一共识，专项化体育课程是以项目为载体的课程；②从社会中拓展资源，弥补专项化体育课程资源的不足；③合理设置专项，因校而宜地开发校本教材；④发挥竞赛作用，建立全员参与的联赛体系；⑤强化师资，不断提高教师专项技能教学能力；⑥克服学生个体差异，有效组织分层教学；⑦完善教学评定体系，加快《青少年运动技能等级标准》的研制；⑧加强监控，通过动态数据监测课程改革的成效。

主要参考文献

普 通 图 书

[1] 施良方. 学习论[M]. 北京：人民教育出版社，2001.

[2] 汪晓赞，季浏. 中小学体育新课程学习评价[M]. 上海：华东师范大学出版社，2007.

[3] 于可红，等. 体育与健康课程学习评价指标体系研究[M]. 杭州：浙江大学出版社，2013.

[4] 宋继新. 林笑峰体育文集[M]. 长春：东北师范大学出版社，2014.

[5] 顾渊彦. 体育课程的理论与实践[M]. 南京：南京师范大学出版社，2014.

[6] 季浏. 体育锻炼与心理健康[M]. 上海：华东师范大学出版社，2006.

[7] 刘清黎. 体育教育学[M]. 北京：高等教育出版社，1994.

[8] 田麦久. 运动训练学[M]. 2版. 北京：高等教育出版社，2017.

[9] 宋尽贤，廖文科. 中国学校体育30年[M]. 北京：高等教育出版社，2010.

[10] 毛振明. 学校体育发展史[M]. 桂林：广西师范大学出版社，2005.

[11] 王则珊. 学校体育理论与研究[M]. 北京：北京体育大学出版社，1995.

[12] 李晋裕，腾子敬，李永亮. 学校体育史[M]. 海口：海南出版社，2000.

[13] 张洪潭. 技术健身教学论[M]. 上海：华东师范大学出版社，2000.

[14] 吴蕴瑞. 吴蕴瑞文集[M]. 哈尔滨：黑龙江科学技术出版社，2006.

[15] 奥迪特·巴尔-奥尔. 儿童青少年与体育运动[M]. 高崇玄，译审. 北京：人民体育出版社，2008.

[16] 杜威. 道德教育原理[M]. 王承绪，等译. 杭州：浙江教育出版社，2003.

[17] SILVERMAN S J, ENNIS C D. Student learning in physical education:Applying research to enhance instruction[M]. Champaign, IL: Human Kinetics, 1996.

[18] 施良方. 学生认知与优化教学[M]. 北京：中国科学技术出版社，1991.

[19] 巴班斯基. 教学过程最优化——一般教学论方面[M]. 张定璋，等译. 北京：人民教育出版社，2007.

[20] 赫尔巴特. 普通教育学·教育学讲授纲要[M]. 李其龙，译. 北京：人民教育出版社，1989.

[21] 中华人民共和国教育部. 普通高中体育与健康课程标准（2017年版）[M]. 北京：人民教育出版社，2018.

[22] 周登嵩. 学校体育学[M]. 北京：人民体育出版社，2004.

[23] 唐炎，罗平. 体育教师执教能力教程[M]. 北京：北京体育大学出版社，2015.

[24] 檀传宝. 学校道德教育原理[M]. 2版. 北京：教育科学出版社，2003.

[25] GREG P，耿培新，梁国立. 人类动作发展概论[M]. 北京：人民教育出版社，2008.

[26] 丛立新. 课程论问题[M]. 北京：教育科学出版社，2000.

[27] 林崇德. 21世纪学生发展核心素养研究[M]. 北京：北京师范大学出版社，2016.

[28] 皮连生. 学与教的心理学[M]. 5版. 上海：华东师范大学出版社，2009.

[29] 倪梁康. 现象学及其效应——胡塞尔与当代德国哲学[M]. 北京：生活·读书·新知三联书店，2005.

[30] 李卫东，汪晓赞，PHILLIP W，等. 体育课程教学模式[M]. 北京：高等教育出版社，2018.

[31] 张华. 课程与教学论[M]. 上海：上海教育出版社，2000.

[32] 吴志超，刘绍曾，曲宗湖. 现代教学论与体育教学[M]. 北京：人民体育出版社，1993.

[33] 潘绍伟. 学校体育学[M]. 北京：高等教育出版社，2005.

[34] 钟启泉. 现代课程论[M]. 上海：上海教育出版社，1989.

[35] 施良方. 课程理论——课程的基础、原理与问题[M]. 北京：教育科学出版社，1996.

[36] 叶澜. 教育研究方法论初探[M]. 上海：上海教育出版社，2014.

[37] 金岳霖. 知识论[M]. 北京：中国人民大学出版社，2010.

[38] 毛振明. 体育教学改革新视野[M]. 北京：北京体育大学出版社，2003.

[39] 苏竞存. 中国近代学校体育史[M]. 北京：人民教育出版社，1994.

[40] 曲宗湖，杨文轩. 域外学校体育传真[M]. 北京：人民体育出版社，1999.

[41] 毛振明. 探索成功的体育教学[M]. 北京：北京体育大学出版社，2001.

[42] 陈向明. 质的研究方法与社会科学研究[M]. 北京：教育科学出版社，2000.

[43] 王健. 运动技能与体育教学——大中小学学生运动技能形成过程的理论探讨与实证分析[M]. 北京：北京体育大学出版社，2009.

[44] 吴康宁. 教育社会学[M]. 北京：人民教育出版社，1998.

[45] 顾渊彦，凌平. 域外学校体育传真[M]. 北京：人民体育出版社，1999.

[46] 《当代中国》丛书编辑部. 当代中国体育[M]. 2版. 北京：中国社会科学出版社，1987.

[47] US DEPARTMENT OF HEALTH AND HUMAN SERVICES. Healthy People 2010[M]. 2nd ed. Washington, DC: US Government Printing Office, 2000.

期 刊 论 文

[1] 苏竞存. 我国学校体育思想四十年的曲折发展[J]. 体育文史，1989（4）：4-7，15.

[2] 孙耀鹏. 体育兴趣的培养与体育课教学改革——为"专项课"立论[J]. 北京体育大学学报，1994（2）：69-75.

[3] 彭小伟，毛振明. "专项体育课"的发展过程与学理依据[J]. 体育学刊，2016，23（4）：1-5.

[4] 高凤山，殷红. 关于开设专项体育课科学性与可行性的思考[J]. 中国学校育，1994（2）：68-69.

[5] 毛振明. 近阶段中国体育教学理论研究的若干成果和建树[J]. 北京体育大学学报，2004，27（2）：233-235.

[6] 何祖新，张成云，付道华，等. 普通大学生终身体育教育实验研究[J]. 体育科学，1998（3）：32-34.

[7] 时立新. 从实际出发、积极推广专项体育课[J]. 中国学校体育, 1994 (2): 72.

[8] 司云, 苏连勇, 贺建国. 应当科学地认识和对待专项体育课[J]. 中国学校体育, 1994 (5): 65-66.

[9] 傅承知, 李习友. 试论高等学校开设专项体育课的必要性和必然性[J]. 江苏体育科技, 1982, 1 (6): 23-25.

[10] 何秋鸿. 基于知识图谱的我国体育教育研究领域可视化分析[J]. 北京体育大学学报, 2016, 39 (2): 98-103.

[11] 唐炎. 现行体育教育本科专业课程方案存在的问题与改进建议[J]. 体育学刊, 2014, 21 (2): 61-64.

[12] 曲宗湖, 潘志琛. 试析当前我国普通中小学体育教学改革的几个主要问题[J]. 体育科学, 1988 (1): 8-11.

[13] 许庆华. 开设专项体育课教学对学生终身体育影响的探讨[J]. 吉林体育学院学报, 2007 (6): 134-135.

[14] 于晓东. 新中国60年体育课程内容选择的回顾[J]. 体育学刊, 2010, 17 (4): 55-58.

[15] 季浏. 我国《普通高中体育与健康课程标准（2017年版）》解读[J]. 体育科学, 2018, 38 (2): 3-15.

[16] 任海. 身体素养: 一个统领当代体育改革与发展的理念[J]. 体育科学, 2018, 38 (3): 3-11.

[17] 王占春. 从现行体育教学大纲看我国学校体育课程建设[J]. 体育学刊, 2001, 8 (6): 1-3, 11.

[18] 石岩, 王冰. 开放式运动技能学习之道——王晋教授访谈录[J]. 体育学刊, 2014, 21 (3): 1-7.

[19] 沈丽群, 季浏, 王坤. 我国中小学体育课堂教学质量评价指标体系的构建——基于质性研究[J]. 天津体育学院学报, 2015, 30 (3): 211-215.

[20] 胡永红. 有效体育教学的理论与实证研究[D]. 福州: 福建师范大学, 2009.

[21] 唐炎.《青少年运动技能等级标准》的研制背景、体系架构与现实意义[J]. 上海体育学院学报, 2018, 42 (3): 1-6.

[22] 张建中, 杜希民, 吕晓娟. 后现代主义西方课程编制理论与我国课程建设[J]. 江苏高教, 2004 (2): 90-92.

[23] 陈玮君. 社会性别理论视域下的女生体育课程实践[J]. 体育学刊, 2013, 20 (6): 78-80.

[24] 汪晓赞. 我国中小学体育学习评价改革的研究[D]. 上海: 华东师范大学, 2005.

[25] 邵天逸. "立德树人"背景下学校体育的育人价值[J]. 体育学刊, 2017, 24 (4): 63-67.

[26] 徐正旭, 龚正伟. 体育何以让"立德树人"成为可能[J]. 体育学刊, 2019, 26 (4): 8-15.

[27] 杨文轩. 课程改革背景下学校体育改革与发展研究[J]. 体育学刊, 2018, 25 (5): 1-4.

[28] 熊文, 张建永. 学校体育中道德教育的多维审视[J]. 上海体育学院学报, 2006, 30 (5): 80-83.

[29] 李海燕，毛振明. 体育教学培养学生社会性发展的途径研究[J]. 首都体育学院学报，2015，27（5）：437-439.

[30] ZHU Z, CHEN P, ZHUANG J. Intensity classification accuracy of accelerometer-measured physical activities in Chinese children and youth[J]. Research Quarterly for Exercise and Sport, 2013, 84(Suppl2): S4-S11.

[31] GRÖNQVIST R, ABEYSEKERA J, GARD G, et al. Human-centred approach esin slip-periness measurement[J]. Ergonomics, 2001, 44(13): 1167-1199.

[32] CHEN A，SUN H，ZHU X，et al. influence of personal and lesson factors on caloric expenditure in physical education[J]. Journal of sport and health science, 2012, 1(1): 49-56.

[33] O' BRIEN W, BELTON S, ISSARTEL J. The relationship between adolescents' physical activity, fundamental movement skills and weight status[J]. J sports sci, 2016,34(12): 1159-1167.

[34] VARSAMIS P, AGALIOTIS I. Profiles of self-concept, goal orientation, and self-regulation in students with physical, intellectual, and multiple disabilities: Implications for instructional support[J]. Research in developmental disabilities, 2011, 32(5): 1548-1555.

[35] KORING M, RICHERT J, PARSCHAU L, et al.A combined planning and self-efficacy intervention to promote physical activity: a multiple mediation analysis[J]. Psychology health and medicine, 2012, 17(4): 488-498.

[36] JANSSEN I, LEBLANC A G. Systematic review of the health benefits of physical activity and fitness in school-aged children and youth[J]. International journal of behavioral nutrition and physical activit, 2010(7): 40.

[37] TANDON P S, ZHOU C, SALLIS J F et al. Home environment relationships with children's physicalactivity, sedentary time, and screen time by socioeconomic status[J]. International journal of behavioral nutrition and physical activity, 2012(9): 88.

附　　录

附录1　上海市高中专项化体育课程改革调查问卷
（学生问卷）

亲爱的同学：

　　您好！

　　为了解上海市高中专项化体育课程改革效果，特开展此项调查。本次调查结果仅作学术研究之用，有关您的个人信息我们将严格保密，恳请认真作答。本问卷大约花费您 15 min 的时间，对此我们表示歉意，并对您的支持表示诚挚的谢意，祝您学习进步！

上海市高中专项化体育课程改革小组

　　请在符合您实际情况的答案前的"□"中画"√"，或在"＿＿＿＿"中填写符合您实际情况的内容。

一、基本信息

1. 性别：＿＿＿＿　　年级：＿＿＿＿　　身高：＿＿＿＿cm
   体重：＿＿＿＿kg　　所学专项：＿＿＿＿

2. 您接受专项化教学的时间有多久？
   □0.5 年　　□1 年　　□1.5 年　　□2 年
   □2.5 年　　□3 年

3. 是否佩戴仪器：□是　　□否，若佩戴，仪器编号：＿＿＿＿（必填）

二、主要内容

4. 与传统体育课相比，您是否更喜欢专项化体育课？

(1) □是	(2) □否
喜欢的原因是（多选）？	不喜欢的原因是（多选）？
□能够选到自己喜欢的运动项目	□难以选到自己喜欢的运动项目
□课堂分层教学符合我的学习基础	□不适应专项化教学形式
□有助于提高我的运动技能	□体育课学习的技能项目过于单一
□课堂锻炼时间比较充分	□体育课堂学习时间过长
□能够跟着喜欢的体育教师学习	□教师教学水平未达到我的期望
□小班化教学使我有更多的练习机会	□场地器材不能满足我的学习需要
□能够和兴趣相投的同学一起学习	□课堂中运动技能练习过多
□其他	□其他

5. 您是否选上了自己想选的运动项目？

(1) □是	(2) □否
选择该运动项目的原因是（多选）？	没选上该运动项目的原因是（多选）？
□对该项目感兴趣	□报名该项目的人数过多导致未选上
□仰慕该项目教师	□学校未开展该项目
□受同伴的影响	□身体原因不适合选择该项目
□该项目学习起来比较轻松	□技能水平未达到该项目的要求
□该项目能够较好支持我参加课外锻炼	□其他
□该项目能够让我找到自信	
□其他	

6. 在专项化体育课中，下列哪个选项最符合您的实际情况？

问题题项	非常符合	比较符合	不能确定	不太符合	很不符合
（1）场地器材能够满足我的学习需求	□	□	□	□	□
（2）学习目标设定符合我的学习水平	□	□	□	□	□
（3）教学内容能够激发我的学习兴趣	□	□	□	□	□
（4）课堂教学氛围能够激发我更好地学习	□	□	□	□	□
（5）教师教学方法能够帮助我更好地掌握运动技能	□	□	□	□	□
（6）课堂教学组织形式能够调动我的积极性	□	□	□	□	□
（7）学业成绩评价能够客观反映我的学习水平	□	□	□	□	□

7. 您在专项化体育课上所学的运动技能在平时体育锻炼中使用程度如何？

□经常使用　　　□偶尔使用　　　□从不使用

8. 进入高中以来，您在专项化体育课中学过几项运动技能？

　　□0 项　　　　　　□1 项　　　　　　□2 项及以上

9. 进入高中以来，您在专项化体育课中熟练掌握的运动技能有几项？

　　□0 项　　　　　　□1 项　　　　　　□2 项及以上

10. 通过高中专项化体育课的学习，对您以下品质提升程度如何？

问题题项	非常明显	比较明显	不能确定	不太明显	很不明显
（1）合作精神	□	□	□	□	□
（2）规则意识	□	□	□	□	□
（3）竞争精神	□	□	□	□	□
（4）责任感	□	□	□	□	□
（5）意志品质	□	□	□	□	□
（6）爱国主义	□	□	□	□	□

11. 除专项化体育课外，您平时自主参加体育活动的方式还有哪些？（多选）

　　□学校组织的体育活动课　　　　□学校开展的体育俱乐部

　　□学校组织的运动代表队　　　　□学校课外体育竞赛

　　□学校大课间活动　　　　　　　□校外体育培训班

　　□社区组织的体育活动　　　　　□家庭组织的体育活动

　　□自己锻炼　　　　　　　　　　□其他

12. 专项化体育教学实施以后，您对参与体育锻炼是什么态度？

　　□像现在一样，保证每天都参加体育锻炼

　　□已经考虑增加现有的锻炼频率，努力达到每天都参加体育锻炼

　　□如果有时间，尽量去参加体育锻炼，但不能保证每天都参加体育锻炼

　　□打算改掉以前不锻炼的习惯，准备尝试参加体育锻炼

　　□不喜欢体育锻炼，未来也不打算参加体育锻炼

13. 下列哪些因素会影响您主动参与体育锻炼？（多选）

　　□学业负担重，没时间　　　　　□对体育活动不感兴趣

　　□没有技能，不知道怎样运动　　□家长不同意多运动

　　□身体健康原因不便多运动　　　□没有足够的运动场所（或器材）

　　□没有朋友一起进行运动　　　　□身体好不需要锻炼

　　□其他

14. 下列哪些因素会影响您运动技能学习的进度？（多选）

□选不到自己喜欢的运动项目　　□运动项目本身难度

□场地器材影响　　　　　　　　□前期运动基础较差

□部分专项教师执教能力不足　　□学习意志影响

□学生学习动机影响　　　　　　□家庭环境影响

□其他

15. 通过专项化学习，下列题项中哪个选项最符合您的实际情况？

问题题项	非常符合	比较符合	不能确定	不太符合	很不符合
（1）有利于我通过体育锻炼促进身心全面发展	□	□	□	□	□
（2）帮助我掌握更多动作名称、要领及方法	□	□	□	□	□
（3）帮助我掌握更多体能知识	□	□	□	□	□
（4）帮助我提高了参加体育锻炼的自信心	□	□	□	□	□
（5）帮助我认识到参加体育锻炼的重要性	□	□	□	□	□
（6）帮助我通过体育锻炼获得更多快乐	□	□	□	□	□
（7）激发了我参加体育锻炼的兴趣	□	□	□	□	□
（8）有利于我在课外有更多时间参加体育锻炼	□	□	□	□	□
（9）提高了我的运动技能	□	□	□	□	□
（10）提高了我的体能	□	□	□	□	□
（11）有利于学校提供更多场馆器材以满足我的身体活动需求	□	□	□	□	□
（12）有利于专项化体育课程教学的正常进行，很少被其他课程挤占	□	□	□	□	□
（13）有利于我有更多机会参加学校组织的体育活动（课外俱乐部、社团等）	□	□	□	□	□
（14）有利于我的班主任或其他任课教师支持和鼓励我们参加体育锻炼	□	□	□	□	□
（15）有利于我找到同伴进行体育锻炼	□	□	□	□	□
（16）有利于我的体育教师更加支持我们参加体育锻炼	□	□	□	□	□

附录 2　上海市高中专项化体育课程改革调查问卷
（教师问卷）

尊敬的教师：

您好！

推动学校体育工作健康持续发展是我们共同的心愿，为此，上海市推动了高中专项化体育课程改革，本次调查旨在从体育教师角度了解该工作的开展情况。调查结果仅作学术研究之用，不涉及您个人的具体身份，恳请认真作答。本问卷大约需要花费您 10 min 的时间，对此我们表示歉意，并对您的支持表示诚挚的谢意，祝您工作愉快！

上海市高中专项化体育课程改革小组
2017 年 3 月

请在符合您实际情况的答案前的"□"中画"√"，或在"＿＿＿＿"中填写符合您实际情况的内容。

一、基本信息

1. 性别：＿＿＿＿　学历：＿＿＿＿　教龄：＿＿＿＿　职称：＿＿＿＿
2. 贵校是什么性质？
   □市重点学校　　　□区重点学校　　　□一般学校

二、主要内容

3. 您上学期间所学的专项与现在所教项目是否一致？
   □是　　　□否
4. 您认为当前贵校的师资力量能否满足专项化教学开展的需求？
   □能　　　□不能
5. 贵校开展专项化体育教学以来，您参加职后培训的次数是多少？
   □0 次　　　□1 次　　　□2 次　　　□3 次
   □4 次　　　□5 次及 5 次以上

6. 您认为高中专项化体育教学的师资培训效果如何？
   □非常好　　　□比较好　　　□一般　　　　□不太好
   □很不好

7. 在专项化体育课中，下列哪个选项最符合您的实际情况？

问题题项	非常符合	比较符合	不能确定	不太符合	很不符合
（1）学习目标设定符合学生的学习水平	□	□	□	□	□
（2）教学内容能够激发学生的学习兴趣	□	□	□	□	□
（3）课堂教学氛围能够激发学生更好地学习	□	□	□	□	□
（4）教学方法能够激发学生更好地掌握运动技能	□	□	□	□	□
（5）课堂教学组织形式能够调动学生的积极性	□	□	□	□	□
（6）学业成绩评价能够客观反映学生的学习水平	□	□	□	□	□

8. 您认为贵校体育场地设施能否满足专项化体育教学的需求？
   □完全满足　　□基本满足　　□一般　　　　□不能满足
   □很不满足

9. 据您的了解，贵校所开设的运动项目能否满足学生选择项目的需求？
   □完全满足　　□基本满足　　□一般　　　　□不能满足
   □很不满足

10. 在专项化体育学习过程中，您对学生的评价内容主要包括哪些？（多选）
    □专项体能　　□专项技能　　□运动知识
    □态度与参与　□情意与合作　□体育品德
    □运动经历　　□其他

11. 您对专项化体育教学改革背景的了解程度如何？
    □非常了解　　□比较了解　　□一般　　　　□不太了解
    □非常不了解

12. 您认为专项化体育课程改革后，学生运动技能掌握程度与以前相比显著吗？
    □非常显著　　□比较显著　　□一般　　　　□不太显著
    □非常不显著

13. 您认为影响学生运动技能学习进度的原因是什么？（多选）
    □选不到自己喜欢的运动项目　　□运动项目本身难度
    □场地器材影响　　　　　　　　□前期运动基础较差

□部分专项教师执教能力不足　　□学习意志影响
□学生学习动机影响　　　　　　□家庭环境影响
□其他

14. 您认为贵校实施专项化体育教学面临的困难有哪些？

问题题项	非常符合	比较符合	不能确定	不太符合	很不符合
（1）学校日常排课难度增加	□	□	□	□	□
（2）缺乏专项体育运动场地器材	□	□	□	□	□
（3）专项体育师资不足	□	□	□	□	□
（4）体育教师的专项不对口	□	□	□	□	□
（5）专项教学学生评价标准难以制定	□	□	□	□	□
（6）体育教师专项教学经验欠缺	□	□	□	□	□
（7）体育教师工作负担加重	□	□	□	□	□
（8）不利于体育教师职业全面发展	□	□	□	□	□
（9）学生学习项目过于单一	□	□	□	□	□
（10）学生前期运动基础较差	□	□	□	□	□

15. 为进一步促进高中专项化体育课程改革，您是否同意加强以下方面的工作？

问题题项	非常同意	比较同意	不能确定	不太同意	很不同意
（1）提高学校领导的重视程度	□	□	□	□	□
（2）增加专项化教学场地器材	□	□	□	□	□
（3）加大专项化教学经费投入	□	□	□	□	□
（4）开设更多的专项化体育教学项目	□	□	□	□	□
（5）配备足够数量的专项体育教师	□	□	□	□	□
（6）提高学生运动技能水平	□	□	□	□	□
（7）均衡配置专项化体育教师数量	□	□	□	□	□
（8）出台普通儿童青少年运动技能等级标准	□	□	□	□	□
（9）加强专项体育教师教学技能的培训	□	□	□	□	□
（10）充分利用社区体育资源，解决场地器材不足的问题	□	□	□	□	□
（11）增加校际专项体育比赛的交流	□	□	□	□	□

问卷到此结束，感谢您的参与，祝您生活愉快！

附录 3 体力活动（加速度传感器）测试记录表

仪器编号（必填）：_____ 姓名（必填）：_____ 性别（必填）：_____
班级（必填）：_____ 学校名：_____

日期	起床佩戴开始时间	出门上学时间	早上到校时间	大课间（课间操）活动时间	课外体育活动时间	放学离校时间	放学到家时间	佩戴结束时间	上床睡觉时间	其他（因游泳、洗澡等未佩戴时间）
例：9月20日	5:45	6:35	7:05	9:00—9:30	16:00—16:40	17:00	17:40	21:30	22:15	21:30—22:00 洗澡未佩戴
月 日										
月 日										
月 日										
月 日										
月 日										
月 日										

请各位同学务必结合自己佩戴加速度传感器的时间，认真填写上表。

注：表中的"课外体育活动时间"是指在以下时间段中参加体育活动的时间：①早上到校后到第一节课上课前；②中午放学后到下午第一节课上课前；③下午正课结束后到放学回家前。

附录 4 高中专项化体育课程改革体育品德培养访谈表

1. 您认为，专项化体育课程教学对学生体育品德培养效果如何？（包括"专项体育课体育品德培养价值认同""体育品德目标制定有效性""体育品德教学内容有效性""体育品德教学方法渗透有效性""体育品德评价标准可操作性" 5 个方面）。

2. 您认为，影响专项化体育教学体育品德培养效果的因素有哪些？

附录5　高中生体育学习兴趣评价量表

各位同学：

您好！

以下列出一些与您进行体育活动有关的陈述，请逐条阅读并根据自己的具体情况，确定您是否同意这些说法及同意的程度如何。如果您完全同意，选5；如果您完全不同意，选1；如果您觉得介乎两者之间，请在1与5之间选择（适合您的）任一数字。

年级：_____　班级：_____　性别：_____

陈述	完全不同意	不同意	中立	同意	完全同意
（1）常常在家附近寻找场地进行体育活动	1	2	3	4	5
（2）我很希望上体育课	1	2	3	4	5
（3）每次学会有一定难度的运动技能时，我都会感到很愉快	1	2	3	4	5
（4）不临到体育考试，我是不会去参与体育锻炼的	1	2	3	4	5
（5）我常将日常生活中的一些现象与已学过的体育知识相联系	1	2	3	4	5
（6）在体育课上，我经常不参与活动	1	2	3	4	5
（7）我平时喜欢收听电台或收看电视与报纸上的体育报道	1	2	3	4	5
（8）当体育学习或体育活动遇到困难时，我总是想方设法去解决	1	2	3	4	5
（9）若由于体育教师有事或其他原因，不上体育课，我会感到很失望	1	2	3	4	5
（10）体育课让我感到枯燥无味	1	2	3	4	5
（11）在课余时间里，我很少主动参与体育活动	1	2	3	4	5
（12）我的心里总是盼着上体育课	1	2	3	4	5
（13）我平时喜欢了解体育的有关信息	1	2	3	4	5
（14）虽然我知道体育锻炼对我的健康非常重要，但只要学习忙或者功课多，我就会放弃体育锻炼	1	2	3	4	5
（15）在我们学习的所有课中，我最喜欢体育课	1	2	3	4	5

续表

陈述	完全不同意	不同意	中立	同意	完全同意
（16）我不论参加何种体育活动，都会主动去了解相关的练习方法和注意事项	1	2	3	4	5
（17）我平时喜欢参与体育活动	1	2	3	4	5
（18）我觉得上体育课是一种负担	1	2	3	4	5
（19）我渴望阅读更多的体育书籍	1	2	3	4	5
（20）我觉得每堂体育课的时间总好像比其他课短	1	2	3	4	5
（21）如果课前知道体育课不上了，我会感到很高兴	1	2	3	4	5
（22）即使没有好的体育场地和器材，我也会想办法因地制宜地进行体育锻炼	1	2	3	4	5
（23）我觉得体育课很有趣，非常吸引人	1	2	3	4	5
（24）我觉得所学的体育运动知识和技能在生活中没有什么用途	1	2	3	4	5
（25）每次遇到不熟悉的体育活动内容，我都很想尝试	1	2	3	4	5
（26）我觉得上体育课不是一件快乐的事	1	2	3	4	5
（27）我把体育锻炼作为我生活中的重要组成部分	1	2	3	4	5
（28）在体育课上学习运动技能时，我常常会思考怎样才能学得更好	1	2	3	4	5
（29）上体育课时，我经常希望快些下课	1	2	3	4	5
（30）如果在体育考试中没有获得好成绩，我是不会喜欢体育的	1	2	3	4	5
（31）每次上完体育课我都感到很愉快	1	2	3	4	5
（32）由于体育活动太累、太辛苦，所以我不喜欢参加体育活动	1	2	3	4	5
（33）我喜欢观看现场（或电视转播）体育比赛	1	2	3	4	5
（34）我一听到上体育课，就非常反感	1	2	3	4	5
（35）我常利用课余时间或节假日进行体育活动	1	2	3	4	5
（36）每当学了一个新的运动技能或技巧后，我都很想再进行实践	1	2	3	4	5
（37）体育课上我常常昏昏沉沉，无精打采	1	2	3	4	5
（38）我经常就体育学习中的疑难问题请教教师或同学	1	2	3	4	5
（39）我觉得每周开设的体育课太少	1	2	3	4	5
（40）我对体育课不感兴趣	1	2	3	4	5
（41）我平时经常与同伴谈论体育	1	2	3	4	5

附录6 家长告知书

亲爱的家长：

您好！

为解决青少年体质下降和运动技能缺乏问题，上海市 2013 年施行了高中专项化体育课程改革。为了解上海市高中专项化体育课程改革对学生体质健康促进的实效性，我们真诚地邀请您和您的孩子参与此次调查。此次调查是由上海市教育委员会开展的一项工作。和多数家长一样，您一定也非常注重您孩子在生长发育时期的健康，研究已经证实我国青少年的体质在近年持续下降，其中身体活动时间不足是原因之一。因此，对于青少年来说，绝大多数时间都在学校内度过，通过了解专项化体育课程教学改革以来，其校内运动尤其是专项体育课的能耗特征及其科学化水平，发现存在的主要问题并据此提出改善的方案具有重要的意义，这也是本项目的主要目的。本项目所有测试均为免费，全部测试内容没有任何已知的风险，我们会在整个过程中保证每位孩子的安全。

此次测试安排在您孩子所在学校进行，主要是对您的孩子在体育课上及其一周内的日常体力活动进行记录与了解。测试仪器为人体运动能耗监测仪（以下简称加速度器，如附图 6-1 所示），您的孩子只需将仪器佩戴在腰间即可（衣服内外都可以），佩戴时间为一周（睡觉时可取下），仪器本身不会影响孩子的正常生活。但请注意在测试期间如果孩子需要进行接触水的活动（如游泳、洗澡等），请将仪器取下来，结束之后再佩戴在腰间。本研究重在记录与描述而非干预，因此您的孩子的学习与生活如常，不会有任何的变化。另外，真诚地希望您能够督促孩子保存好仪器，尽量不要遗失或者损坏，谢谢您的理解和支持！

Actigraph 人体运动能耗监测仪（型号 GT3X-Plus）
- 提供生理活动测量，包括活动计数、能量消耗、计步、活动强度水平、代谢当量等；
- 世界上公认最精确的体育活动测量产品，已被超过 60 个国家的几百所大学和研究机构广泛应用；
- 大小类如火柴盒，佩戴方便，受试对象无不适感；
- 仪器原理和智能手机及运动手环中的三轴加速度计相同，不会产生任何辐射或对人体造成其他伤害。

附图 6-1 人体运动能耗监测仪

本研究将对您的孩子体育课上及日常体育活动的活动强度、时间进行分析和对比，并生成报告。帮助您了解您孩子在体育学习及参与日常体力活动中的特点与存在的问题，同时对我们的调查提供数据支持。另外，在参与该调查过程中，您和孩子的身份信息将完全对外保密，您提供的所有个人信息都不会以任何形式出现在任何报告或论文中。如果您认为该项目侵害到您和您孩子的利益，您有权利随时退出该项目。

再次感谢您的参与！

学生姓名（学生本人签名）：
监护人签字（监护人本人签名）：
日期：

附录7　指标体系专家评价表

尊敬的各位专家：

您好！

我是上海体育学院的一名博士研究生，我的论文题目为《上海市高中专项化体育课程改革的效果评估与优化研究》，该研究期望建立一套科学的评估指标体系，以此反映高中专项化体育课程改革的效果。目前，通过文献查阅，根据经验，初步确定了评估指标的构成。为了使指标体系更加有效，恳切希望得到您的宝贵意见，以此作为评估的依据。

指标打分采用李克特5级评分，从"不重要"至"非常重要"依次计1～5分（附表7-1～附表7-3）。

感谢您的支持，祝身体健康，工作愉快！

附表7-1　一级指标

指标名称	5	4	3	2	1
体能					
技能					
身体活动促进					
情感态度					
教师教学行为					

附表7-2　二级指标

指标名称	5	4	3	2	1
体质测试水平					
运动技能达成度					
课堂身体活动					
一周身体活动					
情意发展					
体育兴趣					
体育品德					
教师教学行为改变					

附表7-3　各指标观测点

一级	二级	观测点	5	4	3	2	1
体能	体质测试水平	学生的体能达成情况					
技能	运动技能达成度	学生的运动技能达成情况					
身体活动促进	课堂身体活动	学生课堂身体活动强度					
	一周身体活动	学生一周身体活动情况					
情感态度	情意发展	学生体育学习的内心态度与体验					
	体育兴趣	学生的体育学习兴趣变化情况					
	体育品德	学生的体育品德培养情况					
教师教学行为	教师教学行为改变	专项教师教学行为的变化情况					